Nikolaus Schneider
Volker A. Lehnert

BERUFEN – WOZU?

Zur gegenwärtigen Diskussion um das Pfarrbild in der Evangelischen Kirche

2. Auflage 2011

Neukirchener Theologie

Mix
Produktgruppe aus vorbildlich bewirtschafteten Wäldern und anderen kontrollierten Herkünften
www.fsc.org Zert.-Nr. SGS-COC-005773
© 1996 Forest Stewardship Council
FSC

Bibliografische Information der Deutschen Nationalbibliothek

Die Deutsche Nationalbibliothek verzeichnet diese Publikation in der Deutschen Nationalbibliografie; detaillierte bibliografische Daten sind im Internet über http://dnb.d-nb.de abrufbar.

Umschlaggestaltung: Andreas Sonnhüter, Düsseldorf
Umschlagabbildung: © istockphoto
DTP: Volker A. Lehnert / Breklumer Print-Service, Breklum
Gesamtherstellung: Hubert & Co., Göttingen
Printed in Germany
ISBN 978–3–7887–2514–3
www.neukirchener-verlage.de

Inhalt

Einführung

Im Jahre 1998 präsentierte das damalige Deutsche Allgemeine Sonntagsblatt eine kleine kabarettistische *Typenlehre* real existierender Pfarrerinnen und Pfarrer:

Da war der Gitarre spielende Jugendbewegte, der auch nach vierzig Jahren noch freakig mit seinen Konfirmandinnen und Konfirmanden per Du ist. Da waren der sanfte Zen-verliebte Guru, dem Stille alles bedeutet, und die Vegetarismus und Psalmen verwirbelnde Ökofeministin. Da gab es den die Volksreligiosität entnebelnden und *Bultmanns* Theologie endlich zur Geltung bringenden theologischen Aufklärer neben den permanent Frustrierten. Da war der auf Kerngemeinde allergisch reagierende Manager im Talar, der Müslis, Ökos und Altachtundsechziger am liebsten entsorgen würde. Und da fand sich, nicht zu vergessen, der Typ des sozialen Gewissens, für den der Kampf gegen Goliath Priorität vor dem Besuch zum achtzigsten Geburtstag hat.[1]

Das war vor über zehn Jahren. Schaut man heute auf die Profile von Pfarrerinnen und Pfarrern, so gewinnt man den Eindruck: Solche Originale in dieser akzentuierten Weise werden seltener. Mischtypen entstehen. Die Grenzen der alten Lager, lutherisch, reformiert, evangelikal, linksliberal, sozialdiakonisch, missionarisch, konziliar, politisch, pietistisch und wie sie alle heißen mögen, haben zunehmend an Bedeutung verloren. Und auch in der Theologie hat sich seitdem eine neue Diskussion um das sogenannte Pfarrbild entwickelt, zusätzlich angestoßen durch eine innerevangelische Auseinandersetzung über die Ordination sowie die bekannten ökumenischen Kontroversen um das Amtsverständnis.

---

[1] *Gafga* u.a., Sieben Erfolgsrezepte. Kleine Typenlehre des deutschen Pfarrers, 31f. Vgl. *Uden*, Statisten oder Helden?, 635ff.

Hinzu kommen neue Hochrechnungen zur Mitglieder- und Finanzentwicklung innerhalb der EKD, die Konsequenzen haben werden für die zukünftige Pfarrstellenzahl sowie deren finanzielle Ausstattung. In diesen Debatten gehen quantitative und qualitative Gesichtspunkte ständig ineinander über. Immerhin hat das vielbeachtete EKD-Papier *Kirche der Freiheit* den Pfarrberuf jüngst wieder als „Schlüsselberuf" der Kirche charakterisiert[2], eine Formulierung, die Pfarrerinnen und Pfarrer sehr freut, bei Mitarbeitenden sonstiger kirchlicher Berufe dagegen eher Besorgnis auslöst. Wird der Pfarrberuf langfristig der einzige Beruf sein, den die Kirche sich noch leisten kann und will? Oder wird es – im Sinne der paulinischen Charismenlehre von 1Kor 12 – bei einem Miteinander verschiedener Berufe und damit bei einer Dienstgemeinschaft in den Kirchengemeinden bleiben?

Die Diskussion um Pfarrbild und Pfarrberuf verläuft bei näherem Hinsehen sehr unterschiedlich. So sind deutliche Bemühungen erkennbar, das ‚Amt', das der Gemeinde *gegenübersteht,* aufzuwerten, so etwa im Pfarrbild der EKKW[3]. Es gibt aber auch Bestrebungen, den Pfarrberuf stärker als integralen Bestandteil der Gemeinde *innerhalb* deren Gabenvielfalt zu verorten, so etwa in den Überlegungen zum Pfarrbild der EKiR[4]. Das setzt sich beim Blick auf die Ordination fort: Einerseits wird die Ordination an die akademische theologische Ausbildung gebunden und dem Pfarrberuf vorbehalten, so etwa im Bereich der VELKD[5]. Andererseits wird sie von der Mensa eines besoldeten Amtes bewusst unterschieden, so etwa in der EKiR[6]. Die Ordination wird zur Berufung in ein grundlegendes Predigtamt, das mit einem berufsförmigen Pfarramt nicht mehr notwendig einhergeht. Die traditionelle Trennung zwischen einer an die theologische Ausbildung gebundenen Ordination und einer (zuvor entsprechend zugerüsteten) für Ehrenamtliche offen stehenden Beauftragung wird damit in der nunmehr *einen* Ordination für alle aufgehoben: Pfarrerinnen und Pfarrer, Pastorinnen und Pastoren im Ehrenamt sowie Prädikan-

---

[2] Vgl. Kirche der Freiheit, 71-75.

[3] Vgl. Das Amt des Pfarrers und der Pfarrerin in der modernen Gesellschaft, 21ff, 28ff.

[4] Vgl. Ausführungen zum Berufsbild der Gemeindepfarrerinnen und Gemeindepfarrer, 3ff.

[5] Vgl. „Ordnungsgemäß berufen", 12ff.

[6] Vgl. Ordination, Dienst und Ämter nach Evangelischem Verständnis, 9ff; vgl. hierzu *Fries*, Gegründet im einen Dienst der ganzen Gemeinde, 117ff.

tinnen und Prädikanten[7] beteiligen sich in je unterschiedlichen ‚Ämtern'[8] an dem einen ‚Dienst'[9] der ganzen Gemeinde.

Auch in der Verhältnisbestimmung von Ehrenamt und Pfarramt finden sich charakteristische Unterschiede. So können die ehrenamtliche Tätigkeit auf das Pfarramt bezogen und die ehrenamtlich Tätigen als „Mitwirkende am Verkündigungsdienst" charakterisiert werden, die den Pfarrdienst unterstützen (Ehrenamt um des Pfarramtes willen), so die EKD-Freiheitsschrift[10]. Der Pfarrdienst kann aber auch seinerseits um eine Ausrichtung auf das Ehrenamt hin angereichert werden, indem dem Pfarramt eine besondere Verantwortung für die Entwicklung und Förderung des Ehrenamtes aufgegeben wird (überspitzt: Pfarramt um des Ehrenamtes willen). Eine solche Position wird in diesem Buch entfaltet.

Hinzu kommen die Fragen nach dem Verhältnis von Gemeinde- und Funktionspfarramt (etwa als Krankenhausseelsorger oder Schulpfarrerin). Ferner die Probleme, die sogenannte äußere Faktoren mit sich bringen: so etwa der Rückgang von Finanzkraft und Gemeindegliederzahlen, der daraus resultierende Stellenabbau, die Absenkung des Besoldungsniveaus, die Dienstwohnungs- und Residenzpflicht.

Schon dieser erste, kurze Überblick macht deutlich, dass die Diskussion um das Pfarrbild vielfältig ist und auf unterschiedlichen Ebenen geführt wird. Dabei können insbesondere die Bestrebungen nach ei-

---

[7] Nach der Ordnung der EKiR überträgt die *eine* Ordination das *eine* Predigtamt, nicht das spezielle Pfarramt. Aus diesem Grunde werden alle, die von der Kirche beauftragt öffentlich predigen und die Sakramente austeilen, ordiniert. Zum Verständnis der Ordination von Prädikantinnen und Prädikanten vgl. *Haverkamp,* Vom „Priestertum aller Glaubenden", 37ff.

[8] Ordinierte Theologinnen und Theologen, die aus dem bezahlten Dienst der EKiR ausscheiden, können auf Antrag ihre Ordinationsrechte wahren, wenn sie ihrer Ordinationsverpflichtung regelmäßig nachkommen und dazu von einem Leitungsorgan beauftragt werden. Dies hat Konsequenzen bis in die Nomenklatur hinein. Ordinierte Theologinnen und Theologen mit 2. Kirchlicher Prüfung werden als ‚Pastorinnen' oder ‚Pastoren' bezeichnet, Pastorinnen und Pastoren, die eine Pfarrstelle oder ein Pfarramt innehaben, als ‚Pfarrerinnen' oder ‚Pfarrer'. Leider ist der Sprachgebrauch innerhalb der EKD diesbezüglich nicht einheitlich. Bestrebungen dahingehend wären wünschenswert.

[9] Vgl. Ordination, Dienst und Ämter, aaO, 12ff.

[10] Kirche der Freiheit, 67-69.

ner Aufwertung des ‚Pfarramtes' und die Forderung nach einer eher stärkeren Integration des ‚Pfarrdienstes' in die Gemeinde bisweilen in Spannung zueinander treten.

Die folgenden Überlegungen geben zuerst einen skizzenhaften Überblick über die Eckpunkte der aktuellen Diskussion, erörtern sodann einige neuralgische Punkte und bieten schließlich eigene Vorschläge zur Lösung der offenen Fragen.[11] Sie wollen als Anregungen für die EKD-weite Fortsetzung der Diskussion verstanden werden, für die ein Internetportal – www.*pfarrberuf*.de – eingerichtet worden ist.

Anliegen unserer kleinen Schrift ist es, Gedankenanstöße zu vermitteln. Sie will kirchlich und theologisch Interessierte einladen, sich an der Diskussion um die Zukunft des Pfarrberufes zu beteiligen und mit uns gemeinsam weiterführende und konsensfähige Aspekte zu entwickeln.

Unser besonderer Dank gilt Herrn Pfr. Thomas Weckelmann, Präsesreferent in der EKiR, für die Durchsicht des Manuskriptes, Tabea Lehnert für die graphische Gestaltung von Kap. 3 sowie Wilhelm und Marlene Jansen für die Korrekturdurchsicht der Druckvorlage.

Nikolaus Schneider
Volker A. Lehnert

Im Juli 2009

---

[11] Vgl. zum Ganzen *Schneider*, Von Gott berufen – von der Gemeinde beauftragt, 1ff; *Lehnert*, Amt und Dienst, 125ff und *Becker*, Pfarrberufe, 135ff, bes. 182.

1. Kleine Geschichte des geistlichen Amtes

Dienste im Neuen Testament

Im Neuen Testament gibt es ein Pfarramt im heutigen Sinne nicht.[1] Darin liegt das Hauptdilemma für eine Kirche, die sich auf das ‚sola scriptura' beruft – die exklusive Bezogenheit auf die Heilige Schrift. Stattdessen finden sich in der Bibel vielgestaltige Aspekte und Begriffe für das, was wir heute unter Pfarramt verstehen. Leitend ist bei diesen Aussagen der griechische Begriff der *diakonia*, der allerdings unterschiedlich gebraucht wird. Dieses Wort bedeutet eigentlich ‚Dienst', wurde aber von Luther mit ‚Amt' übersetzt.

Jesus und der Jüngerkreis

Das Neue Testament kennt viele Dienste, nicht aber das *eine* Amt.[2] *Ernst Käsemann* hatte als Grund dafür vermutet, dass feste Amtsbezeichnungen keinen Platz in der urchristlichen Gemeinde finden konnten, weil sie Herrschaftsverhältnisse voraussetzten und stabilisierten, die dem Wesen der Gemeinde widersprächen.[3] Ein Beleg dafür ist das Fehlen von hierarischen Amtseinsetzungen in der frühesten Überlieferung. Zwar beruft Jesus besondere Funktionsträger zur Verbreitung seiner Botschaft. Der zur Partizipation an seiner Sendung und zu seiner Nachfolge berufene Kreis der Zwölf bildet zeichenhaft seinen Anspruch auf das ganze, ursprünglich aus zwölf Stämmen konstituierte Israel ab. Nirgends aber begründet Jesus eine „amtliche" Herrschaft im Sinne einer Hierarchie; vielmehr regelt er das Verhältnis der ihm Nachfolgenden untereinander als gegenseitigen Dienst, als Liebesdienst, wie vor allem Mk 10,35-45 und Joh 13,34f zeigen: Bei Mk fragen die Jünger Jesus, wer von ihnen wohl der Größte im Himmelreich sein werde. Daraufhin antwortet Jesus: „Wer groß sein

---

[1] Klassisch *Käsemann*, Amt und Gemeinde im NT, 109ff und von *Campenhausen*, Kirchliches Amt und geistliche Vollmacht in den ersten drei Jahrhunderten. Das Folgende nach *Roloff*, Kirche im Neuen Testament; *ders.*, Art. Amt, 509ff und *Becker*, Amt und Autorität, 71ff. Vgl. auch *Lindemann*, „...zwiefacher Ehre Wert", 207ff.

[2] *Becker*, Amt, 75.

[3] *Käsemann*, Amt, 109.

will unter euch, der soll euer Diener sein“ (Mk 10, 43; vgl. auch Matth 18,1-5). In der Jesusgemeinde gelten somit andere Leitungsstrukturen als in der Welt sonst üblich.[4] In Joh 13,34f fordert Jesus die ihm Nachfolgenden ausdrücklich zur Liebe untereinander auf: „Ein neues Gebot gebe ich euch, dass ihr euch untereinander liebt, wie ich euch geliebt habe“.

Neben dieser Betonung der liebevollen Demut eines solidarischen Dienstes steht allerdings gleichermaßen eine autoritative Bevollmächtigung wie etwa zur Verkündigung (Matth 10,7), zum Heilungsdienst (Matth 10,8) sowie zur Absolution: „Wie mich der Vater gesandt hat, so sende ich euch. Und als er das gesagt hatte, blies er sie an und spricht zu ihnen: Nehmet hin den Heiligen Geist! Welchen ihr die Sünden erlasset, denen sind sie erlassen; und welchen ihr sie behaltet, denen sind sie behalten“ (Joh 20,21-23). Man könnte diesen Auftrag in gewissem Sinne durchaus als ‚Amt‘ bezeichnen, das Jesus eingesetzt hat. Freilich – mit dem Amtsbegriff durchaus kompatibel – als ein Amt, das als ‚Dienst‘ an den Menschen ausgeübt wird.

Die Zeit danach: Petrus, Paulus und das Apostolat
Das „erste kirchliche Leitungsgremium“ begegnet uns im hellenistischen *Siebenerkreis* um Stephanus (Apg 6,5). Dieser Kreis bildet eine gewisse Analogie zu den üblichen Leitungsstrukturen von Synagogengemeinden.[5] Ungleich wichtiger für die Kirchengeschichte wird und bleibt der Jerusalemer *Zwölferkreis*. Hier – aber auch darüber hinaus – spielt *Petrus* als eine Art Amtswalter die beherrschende Rolle (1Kor 15,5; Apg 3,1-10; 5,15): Er vertritt neben Johannes und Jakobus (Apg 12,2) die Gemeinde nach außen (Apg 3,11-26; 4,8-22); nach innen übt er Leitungsfunktion aus (Apg 5,1-11).[6] Nachdem Petrus Jerusalem verlassen musste, vermutlich aufgrund der Verfolgung durch Agrippa I. (Apg 12,1), gewinnt *Jakobus*, der Bruder Jesu, eine zunehmende Bedeutung in der Jerusalemer Urgemeinde (Apg 12,17) und bildet mit dem immer häufiger abwesenden *Petrus* und dem Zebedaiden *Johannes* ein *Dreiergremium*, das „die Angesehenen“ oder „die Säulen“ genannt wird (Gal 2,9), wodurch die Gemeinde als endzeitli-

---

[4] Nicht zufällig eröffnet dieses Wort die vierte These der Barmer Theologischen Erklärung, vgl. *Lindemann*, aaO, 208f.

[5] Vgl. *Roloff*, Kirche, 76f.

[6] Vgl. *Schenke*, Urgemeinde, 73ff.

cher ‚Tempel' metaphorisiert wird (Off 3,12). Nach dem Apostelkonzil (Apg 15) geht die Leitungsvollmacht der Jerusalemer Gemeinde wohl ganz auf *Jakobus* über (Apg 21,18), begleitet allerdings durch einen *Ältestenkreis* (Apg 15,2.4.22 ff; 21,18), der an den Siebenerkreis der Hellenisten erinnert. Aus der Kollegialstruktur bildete sich somit eine Leitungsstruktur. Möglicherweise diente diese Konstruktion als historisches Vorbild für den späteren monarchischen Episkopat, das hierarchische Bischofsamt. Immerhin gilt Jakobus nach den Schriften *Eusebs* als erster Bischof von Jerusalem.[7]

Der „Apostelkreis", der sich aus dem ursprünglichen Zwölferkreis entwickelt, besteht aus den „echten" Augenzeugen, denen der auferstandene Christus erschienen ist (1Kor 5,8-11; 9,1) und die von ihm einen Sendungsauftrag erhalten haben (Matth 28,16-20; Lk 24,36-49). Dieser Apostelkreis ist nicht identisch mit den zwölf Jüngern des historischen Jesus. Das illustriert schon die Beteiligung des ‚dreizehnten Zeugen': Paulus. Freilich: Mit Paulus beginnt zugleich Kontroverse um Begriff und Reichweite des Apostolats. Lukas enthält Paulus bekanntlich den Aposteltitel vor, weil er diesen auf den historischen Zwölferkreis begrenzen will. Paulus dagegen nimmt diesen Titel für sich in Anspruch, weil er ihn für alle Auferstehungszeugen mit Sendungsauftrag benutzt. Das ist nicht nur ein Streit um ein Wort. Es geht in der Sache um das rechte Verständnis der apostolischen Nachfolge Jesu.

Apostolat als Realrepräsentation

Ausgangspunkt ist der griechische Begriff *apostolos* (Gesandter). Er wird für die spätere Amtstheologie der Kirche äußerst wichtig. Im NT steht dieser Begriff für die aramäische Bezeichnung *schaliah*, die aus dem altsemitischen Botenrecht stammt (1Sam 25,40; 2Sam 10,1ff). In der rabbinischen Literatur wird diese Botenschaft mit der Vorstellung umfassender Realrepräsentation verbunden:

> „Der Gesandte eines Menschen ist wie dieser selbst" (Ber V,5).[8]

Ganz auf dieser Linie versteht auch der gelehrte Jude *Paulus* sein Apostolat, wie 2Kor 5,20 belegt: „Wir sind nun Botschafter an Christi

---

[7] *Euseb*, HE 7,19,1; vgl. *Roloff*, aaO, 82.
[8] *Roloff*, aaO, 78.

statt, denn Gott ermahnt durch uns; so bitten wir an Christi Statt: Lasst euch versöhnen mit Gott!". So gesehen verbürgt Apostolizität nicht nur die rechte Erinnerung, sondern auch die reale Vergegenwärtigung des in Wort, Tat und Geist handelnden Christus.[9] Paulus verstand sich daher sehr selbstbewusst als geistgeleiteter ‚Mitarbeiter Gottes' (2Kor 6,1; 1Kor 7,40), *in* und *durch* den Gott *selber* (2Kor 5,20) bzw. Christus *selber* (Gal 2,20) handelt. Dies wird in den paulinischen Leidenskatalogen durch Identifikation der Leiden des Paulus mit den Leiden Christi äußerst zugespitzt zum Ausdruck gebracht (vgl. 2Kor 4,10f). Im apostolischen Dienst ereignet sich gewissermaßen eine „Christus-Mimesis" (1Kor 11,1; Gal 6,17), eine Selbst-Darstellung Christi. Der Gekreuzigte und Auferstandene gewinnt im Apostolat Gestalt, so dass sich dessen Dienst nicht allein in *Analogie* zum Weg Jesu Christi realisiert,[10] sondern nahezu in *Identifikation*: Der lebendige Christus persönlich vergegenwärtigt sich in Existenz und Dienst des Apostels, ein Gedanke, der das römisch-katholische Verständnis des Priesteramtes maßgeblich prägen wird, allerdings unter Nichtbeachtung der Tatsache, dass der Aposteltitel im Neuen Testament Frauen nicht vorenthalten wird, wie der nur in weiblicher Form belegte Name Junia in Röm 16,7 zeigt. Allerdings sollte man dieses Verständnis, geistgeleiteter Mitarbeiter oder Mitarbeiterin Gottes zu sein, in urchristlicher Zeit noch nicht als ‚Amt' im späteren Sinne verstehen, schon gar nicht als ein Herrschaftsamt – es sei denn, man verstünde darunter die Herrschaft Gottes[11] –, sondern ebenfalls als *diakonia*, als Dienst (vgl. 2Kor 4,5), der sich durch Gottes Gnade als aktuelles Handeln ereignet.

Missionarischer Auftrag des Apostolats: Gemeindegründung

Neben der Repräsentationsüberzeugung – die eben skizzierte Vorstellung von der Vergegenwärtigung Christi im Apostel – ist im Begriff des Apostels der Sendungsgedanke angelegt. Zur Sendung gehört der

---

[9] Vgl. Apg 2,42: „Die Gemeinde „harrt aus beim Wort der Apostel" schreibt Lukas in Apg 2,42. *Jürgen Roloff* a.a.O. 79 pointiert: „War der Zwölferkreis ein auf zukünftiges Heil vorausweisendes Hoffnungssymbol gewesen, so kommt im Apostolat der verbindliche Rückbezug auf das bereits erfolgte Heilshandeln Gottes und die Möglichkeit, sich seiner gegenwärtigen Geschichtsmächtigkeit zu unterstellen, zum Ausdruck".

[10] *Becker*, Amt, 78f.

[11] So *Peters*, Beitrag zu einer Praktischen Theologie des Amtes, 59.

missionarische Auftrag des Apostolates. *Petrus* war wohl der erste, der in Judäa und an der Küste missionarisch tätig war (Apg 9,32-43), auch unter den Gottesfürchtigen, den heidnischen Sympathisanten des Judentums (Apg 10). Zum missionarischen Auftrag gehört – zugleich als Charakteristikum des Apostolats – die Gründung von Gemeinden. So nennt Paulus die Korinther seinen „Empfehlungsbrief" (2Kor 3,2) und das „Siegel seines Apostolats" (1Kor 9,2). Sein Dienst vollzieht sich um der Gemeinde willen. Sie soll leben, wachsen und die in ihr pneumatisch begründete Vielfalt unterschiedlicher aber gleichberechtigter Charismen und Dienste (1Kor 12,28ff; Röm 12) entfalten. Dieses Verständnis des Apostolats als Dienst an der Gemeinde wird schon in der Person des Paulus erkennbar. Zwar bezeichnet sich Paulus als ‚Vater' (1Kor 3,1 ff; 4,14 ff) und ‚Vorbild' (1Kor 2,1-5; 5,3-5 u.ö.) der korinthischen Gemeinde, scheint aber zugleich durch weitgehenden Verzicht auf eigene Tauftätigkeit sowie Zurückhaltung im Predigen den Aufbau einer *personalen* Amtsautorität vermeiden zu wollen. Darauf weist besonders das Kapitel 1Kor 3 hin. Offensichtlich gab es für die Korinther unterschiedliche Missionsautoritäten: Apollos, Petrus, Paulus (V.22). Paulus relativiert dies und verweist demgegenüber auf Christus: „Einen anderen Grund kann niemand legen als den, der gelegt ist, welcher ist Jesus Christus" (V.11). Möglicherweise steht hinter dieser Formulierung sogar eine Zurückweisung der Priorität des Petrus, wie sie in Matth 16,18f sichtbar wird, oder des Lieblingsjüngers aus Joh 19,26.

Übrigens waren Missions- und Leitungsaufgaben in den urchristlichen Gemeinden keineswegs nur eine männliche Domäne, wie es die spätere Entwicklung der Ämter und Dienste zum Priestertum suggeriert. Bereits im Umfeld des Zwölferkreis befanden sich Frauen (Lk 8,1-3). Petrus wurde später von seiner Frau auf Missionsreisen begleitet (1Kor 9,5), Lydia leitete eine große Hausgemeinde (Apg 16,14-15), und zu den Mitarbcitenden des Paulus gehörten ebenfalls viele Frauen (Apg 18,2; Röm 16).

Apostolat im Spannungsfeld von Autorität und Freiheit

Autorität folgt für Paulus eben gerade weder aus der eigenen Person noch aus einer wie auch immer gearteten Amtswürde, sondern allein aus dem Bezug auf die Christus-Überlieferung (1Kor 5,3ff) sowie der Selbstrepräsentation Christi im Vollzug des Dienstes (Gal 2,20; Röm 5,18; 2Kor 12,12). Auf Grund dieses apostolischen Selbstverständnisses erwartet Paulus Gehorsam seinen meist in Briefform erteilten Weisungen gegenüber (2Kor 2,9), die er zum Teil sogar aus einer direkten Weisung des Auferstandenen ableitet (vgl. 1Thess 4,15). Insofern könnte man die paulinische Korrespondenz selber „als eine Form von Gemeindeleitung verstehen“[12], aus der sich später der apostolische Anspruch des *Bischofsamtes* entwickelt hat. Trotz dieses Anspruches aber ist Paulus immer wieder bestrebt, die Gemeinde zur Mündigkeit zu bewegen, etwa indem sie die Kollekte für Jerusalem unabhängig von ihm organisieren soll (1Kor 16,1f), indem er sich eines abschließenden Urteils in einem Gemeindeausschlussverfahren enthält (1Kor 5,1-3) oder indem er die Gemeinde anhält, Rechtsstreitigkeiten eigenständig und innergemeindlich zu klären (1Kor 6,4). *Walter Rebell* hat diese paradoxe Spannung als ‚double bind‘ des Paulus interpretiert.[13] Einerseits nämlich ruft Paulus die Gemeinde in die Freiheit (Gal 5,1), anderseits tut er dies in apostolischer Autorität (1Kor 4,14-21). So ist der Ruf in die Freiheit als eine „Anordnung“ zu verstehen, die freiwilliges Befolgen erwartet.[14]

Propheten und Lehrer, Episkopen und Diakone

Neben den Aposteln erwähnt Paulus vor allem „*Propheten*“ und „*Lehrer*“ (1Kor 12,28). Alle drei Funktionen sind auf die Verkündigung des Wortes bezogen. *Roloff* schlägt vor, hier vielleicht doch bereits von einer Art ‚Ämter‘ zu sprechen, jedenfalls sofern man darunter „eine für Bestand und Aufbau der Kirche erforderliche Funktion“ versteht, die „durch einen festen Personenkreis mit einer gewissen Konstanz ausgeübt wird“[15]. Die Propheten scheinen eine wichtige Rolle gespielt zu haben.[16] Offensichtlich sprachen sie Offenbarungen in spontaner

[12] *Lindemann*, aaO, 214.

[13] Vgl. *Rebell*, Gehorsam und Unabhängigkeit, 1986; *Becker*, aaO, 81.

[14] Es ist interessant, wie sich diese Ambivalenz bis heute in den unterschiedlichen Auffassungen des Pfarrberufes widerspiegelt. Einerseits nämlich wird die eigenständige Autorität des Amtes immer wieder betont, anderseits wird das Pfarramt als Leitung der Abteilung Verkündigung, Theologie und Seelsorge dem *Presbyterium* beigeordnet, wie etwa in einigen reformierten Schweizer Kantonalkirchen. In der unierten Rheinischen Landeskirche wiederum sind Pfarramt und Presbyterium in dialektischer Spannung zu einem gemeinsamen Leitungsgremium verbunden. Hier leitet das Presbyterium als ganzes die Gemeinde und wacht über die Verkündigung, ist aber dem Pfarramt nicht vorgesetzt. Zu welchen Dynamiken dies führen kann wird dargestellt in: *Lehnert*, Die Kunst des Delegierens, 111ff).

[15] *Roloff*, aaO, 139.

[16] Vgl. *Dautzenberg*, Urchristliche Prophetie, 1975; *Roloff*, aaO, 140f.

Eingebung des Geistes aus (1Kor 14,30), manchmal wohl auch enthusiastisch. Da die alte israelitische Prophetie als lange erloschen galt und ihre Wiederkehr erst für die Endzeit erwartet wurde, bedeutet das Auftreten urchristlicher Prophetie übrigens nichts weniger als den Anbruch eben dieser Endzeit. Die Lehrer sind von den Propheten nicht scharf abgrenzbar (vgl. Apg 13,1). Möglicherweise bezog sich die Prophetie stärker auf Eingebung, die Lehre stärker auf Interpretation von Tradition und Schrift.

Die wie Amtsbezeichnungen klingenden griechischen Begriffe *episkopos* (Aufseher) und *diakonos* (Diener) aus Phil 1,1 belegen ebenfalls noch keine etablierte Ämterstruktur. *Becker* vermutet hier „finanzielle Verwaltungs- und Organisationsaufgaben“[17], *Roloff* denkt bei den Episkopen an Koordinatoren von Gottesdiensten und möglicherweise auch an Vorsitzende von Hausgemeinden. Die Diakone versahen in der Regel den Tischdienst, wohl auch beim eucharistischen Mahl[18] (Apg 6,1.7), betrieben aber gleichwohl auch Verkündigungsdienst (Apg 7,1ff; 8,4ff.26ff).

Die Zeit nach den Aposteln: Paulus- und Petrustradition

Zur Entwicklung eines statischer verstandenen ‚Amtes‘ im institutionellen Sinne kommt es erst nach dem Tod der Apostel. Denn nun war das Problem zu lösen, wie der Anschluss an die *apostolische Tradition* gehalten werden konnte (vgl. Apg 20,17-38). Eine Möglichkeit bot die Berufung der Pastoralbriefe auf die *Sukzession* apostolischer Autorität, wie sie in Handauflegung (2Tim 1,6) und Pseudepigraphie – also im „Hineinstellen“ in eine fiktive apostolische Verfasserschaft – zum Ausdruck kommt[19]. Als Folge dieses Sukzessionsgedankens treten nun häufiger Episkopen und Älteste auf (1Tim 3,1; Tit 1,5 ff).

Eine Art Konkurrenzmodell zu dieser Weiterentwicklung der apostolischen Paulustradition könnte das Konzept der schriftlichen *Evangelien* mit ihrem Bezug auf die Anfänge, insbesondere auf die Petrustradition (Matth 16,18 ff: Petrus ist der *Fels*; Joh 21,15 ff; vgl. 1Kor 15,5; Gal 2,9) und ihren bekannten konfessionellen Folgen, darge-

---

[17] Vgl. *Bormann*, Philipperbrief, 223.

[18] *Roloff*, aaO, 142f.

[19] *Becker*, aaO, 85.

stellt haben (vgl. 1Kor 3,11: Christus ist das *Fundament* und *einen anderen Grund* kann niemand legen, d.h. auch Matthäus mit seinem ‚Petrus-Fels'-Konzept nicht). Hier ist die Frage, welche Aussage welcher Tradition folgt. Das Doppelwerk des *Lukas* (Lukasevangelium und Apostelgeschichte) könnte man als Versuch der Synchronisierung dieser beiden kirchenpolitischen Entwicklungslinien verstehen, wie seine Harmonisierung der Petrusmission mit der Paulusmission zeigt.[20] Für Lukas sind Apostel eher eine Art *„prototypische Repräsentanten des für die gemeindlichen Amtsträger maßgeblichen Verhaltens"*[21]. Dazu gehören Machtverzicht (Lk 10,43f) und Dienstbereitschaft beim Tischdienst und beim gottesdienstlichen Mahl. In der Gemeinde als ‚Hauswesen Gottes' (vgl. Tit 1,7) spielen Leiter eben gerade nicht die Rolle der Hausherren, sondern eher die von Sklaven und Verwaltern, die die „befreiende Herrschaft dessen" proklamieren und abbilden, der „sich selbst zum Diener aller gemacht hat"[22].

Interessant ist auch die sogenannte Abschiedsrede des Paulus in Milet (Apg 20,17-38), in der die *Nachfolgegeneration* von Leitenden in den Blick kommt. Auch hier geht alle Initiative von Gott, genauer vom Heiligen Geist aus (V.28). Kontinuität wird durch Gott gewährleistet, der durch sein Wort die Kirche erbaut. Nicht Paulus gibt ein Lehrpensum weiter, nicht das ‚Amt' bedient sich des Wortes, sondern umgekehrt: Das Wort selbst bedient sich des ‚Amtes'. Wenn Paulus erklärt, der Heilige Geist selbst habe Älteste als *episkopoi*, als ‚Aufseher' eingesetzt (20,28), dann werden hier gewissermaßen Charisma und Amt synchronisiert. Darüber hinaus beschreibt der lukanische Paulus das ‚Amt' in Rückbindung an die Jüngerparänese Jesu (Lk 12,35-48; 17,7-10)[23] nach dem Vorbild des dienenden Jesus. Damit bleibt das

---

[20] Festzuhalten ist, dass die ältere, fast schon klassisch gewordene These *Ernst Käsemanns* und *Günther Kleins* vom sog. ‚Frühkatholizismus' des Lukas (vgl. *Käsemann*, Amt, aaO; vgl. *Klein*, Die zwölf Apostel) inzwischen überholt ist. Die Begründung eines auf apostolischer Sukzession beruhenden Lehramtes lässt sich im lukanischen Werk nicht nachweisen. Paulus wurde eben gerade *nicht* durch die Apostel eingesetzt, sondern durch Christus selbst und hat *sein* Amt eben gerade *nicht* an Gemeindeleiter weitergeben. Zwar gewährleisten die Apostel „den Übergang von Jesus zur Kirche" (*Roloff*, aaO, 215), gleichwohl scheint ihr spezifischer Auftrag mit dem Apostelkonzil (Apg 15) erfüllt zu sein.

[21] *Roloff*, aaO, 216.

[22] *Roloff*, Kirche, aaO, 217.

[23] *Roloff*, Themen und Traditionen, 507ff.

„Grundgesetz des gegenseitigen Dienens" auch für die „Gemeindeleiter der nachapostolischen Kirche die verbindliche Grundnorm ihrer Amtsführung"[24].

Die Entstehung des besonderen Priestertums

Die Wende vom Dienen zum *Herrschen* ließ nicht lange auf sich warten. Standen die Dienste und ‚Ämter' der Episkopen, Diakone und anderer im Neuen Testament noch weitgehend gleichberechtigt nebeneinander, so ändert sich dies in der Zeit der Alten Kirche. Bereits *Ignatius von Antiochien* kennt eine dreifache hierarchische Ämterstufung: Bischof, Älteste (Presbyter, Priester) und Diakone.[25] Im zweiten Jahrhundert entsteht die sogenannte *monarchische Episkopalverfassung*, als deren geistiger Vater *Cyprian* gilt. Sie zählte neben dem Kanon der Heiligen Schrift und der sogenannten ‚regula fidei', der Glaubensnorm, zu den drei Autoritäten der Alten Kirche. Das führte dazu, dass das Zugleich von apostolischem Dienst und Priestertum der ganzen Gemeinde (1Petr 2,5.9) – ein Zugleich, das sich eindrücklich in der Spannung zwischen Matth 16,19 (die Binde- und Lösegewalt liegt bei Petrus) und Matth 18,18, (die Binde- und Lösegewalt liegt bei der Gemeinde) zeigt – allmählich zu Gunsten eines besonderen Amtes, des Priestertums, aufgelöst wurde.[26]

Noch *Justin* unterstrich den priesterlichen Auftrag aller Christen.[27] Auch der frühe *Tertullian* hatte die Unterscheidung zwischen *plebs*, Volk, und *ordo*, Amt, noch als Erfindung der Kirche missbilligt.[28]

---

[24] *Roloff*, aaO, 220. In der weiteren Entwicklung hat sich zwar die aus dem Judentum stammende kollegiale *Ältestenverfassung* durchgesetzt, wie 1Petr 5,1-4; Apg 20,17; 1Tim 5,17 und Tit 1,5 belegen. Deren Aufgabe „die Herde Gottes zu weiden" (1Petr 5,2), weist aber zunehmend in Richtung eines episkopalen Auftrags. Dieser allerdings soll immer noch nicht herrschaftlich, sondern gottgemäß, mit Hingabe und vorbildhaft ausgeführt werden (1Petr 5,2f.). Immerhin geraten hier besondere, von Gott ‚eingesetzte' Dienste resp. ‚Ämter' neben dem Apostolat in den Blick (vgl. Eph 4,11), die allerdings zum Aufbau der Gemeinde eingesetzt werden (Eph 4,12ff; Vgl. *Lindemann*, aaO, 216ff.)

[25] Vgl. Magn. 2; 6,1; 13,1; Trall 2,2f; 3,3.

[26] Das Folgende nach *Lohse*, Priestertum III., 578ff.

[27] Dial 116,3.

[28] De exort. Cast. 7,3.

Origenes hatte die Glaubenden sogar den Aposteln gleichgestellt[29], und noch *Augustinus* bezeichnete alle Christen als Priester, merkt allerdings schon an, dass diese Titel ‚eigentlich' nur Bischöfen und Presbytern zukämen.[30] Daneben begegnet der Vergleich von Bischöfen und Diakonen mit den alttestamentlichen Priestern in 1Clem 40ff und Did 13,3. Die in Did 14,1 zunächst symbolisch gemeinte Bezeichnung des Abendmahls als ‚Opfer' tat das ihre und beförderte die Umdeutung des metaphorischen ‚Opfers' in ein reales Opfer. Der spätere Tertullian vermag somit plötzlich den Bischof als ‚summus sacerdos', als ‚höchsten Priester' zu titulieren[31] und nach *Cyprian* handelt der Priester sogar als „Richter anstelle Christi"[32]. Die Presbyter wurden zum ‚Beraterkollegium' des Bischofs, die Diakone zu dessen Helfern in der Armenfürsorge.[33]

Etabliert hatte sich das besondere Priesteramt mit der *Synode von Ancyra 314*, die den Presbytern die *hieratike leiturgia*, die ‚priesterliche Liturgie' zusprach. Der eigentlich vom griechischen Wort ‚Presbyter' (Ältester) abgeleitete Begriff ‚Priester' wurde auf diese Weise mit Bedeutungsnuancen des alttestamentlichen Priesterbegriffes (gr. *hiereus*) versehen. So wurden aus den neutestamentlichen „Ältesten", die mit dem alttestamentlichen Kultpriestertum überhaupt gar nichts zu tun hatten, just eben solche Kultpriester. Hatte das Neue Testament absichtsvoll gerade *nicht* den alttestamtlichen Priesterbegriff (*hiereus*) gewählt, sondern diesem mit Bedacht den Begriff des ‚Ältesten' (*presbyteros*) entgegengestellt, so wurde durch die Wortentwicklung Presbyter = Priester eben jene nicht gemeinte Bedeutung des Opferpriestertums wiederbelebt, ausgerechnet anhand eines Begriffes, der diesen gerade überwinden wollte! In diesem Phänomen steckt die Wurzel der ökumenischen Kontroverse um das Amtsverständnis bis heute.

Der Wechsel vom dienenden ‚Amt' zum herrschenden Amt erfolgt schließlich bei *Augustinus.* Nach dessen Schrift de civitate Dei (20,9) haben nun die Bischöfe Anteil an der gegenwärtigen Herrschaft Christi. Diese geistliche Vollmacht wurde sakramental durch die Ordina-

---

[29] De orat. 28,9.

[30] De civ. 20,10.

[31] De bapt. 17,1.

[32] Ep. 59,5.

[33] *Hauschild*, Amt, 426.

tion ins Bischofsamt vermittelt. Damit war der Vergegenwärtigungsgedanke aus 2Kor 5 in einem kirchenrechtlich definierten Sakrament institutionell ausgebildet.

Das mittelalterliche Weihepriestertum

Im Laufe des Mittelalters wurde das Weihepriestertum weiter untermauert. *Petrus Lombardus* zieht nun eine direkte Linie vom alttestamentlichen Priestertum über das Neue Testament zur gegenwärtigen Kirche[34], wobei die höher Geweihten den zwölf Aposteln und die Presbyter, nun ‚Priester' genannt, den zweiundsiebzig Jüngern aus Luk 10,1ff entsprechen. Das Amt wird zum Kultpriestertum und besitzt sein „soteriologisches Zentrum im unblutigen Opferkult des Christus repräsentierenden und im Altarsakrament seine Heilsgaben auf die kirchlich Communio applizierenden Priesters."[35] Die bleibende und dauerhafte Fähigkeit zu solcher Heilsvermittlung wird dem Priester durch sakramentale Weihe, d.h. Ordination durch den Bischof, vermittelt, der an der geistlichen Gewalt des Papstes partizipiert.

Zwar haben *Thomas von Aquin* und andere daneben immer auch den Gedanken des Allgemeinen Priestertums aller Gläubigen (*sacerdotium spirituale*) wachgehalten, aber dies vermochte die Entwicklung zur Hierarchie nicht mehr aufzuhalten, die ihren – nach römisch-katholischer Auffassung irreversiblen – Höhepunkt auf dem *Konzil von Trient* (1545-1563) erreichte: „Wenn jemand behauptet, dass alle Christen ohne Unterschied Priester des Neuen Bundes sind oder dass alle untereinander mit gleicher geistlicher Gewalt begabt sind, so scheint er nichts anderes zu tun, als die kirchliche Hierarchie, die gleichsam eine geordnete Schlachtreihe ist, zu erschüttern".[36] Und da nach dem *Catechismus Romanus II,7* die Priester Gott auf Erden vertreten, heißen sie „dii", die Göttlichen!

---

[34] Sent. IV d. 24,9.

[35] *Kaufmann*, Amt, 428.

[36] Tridentinum, Sess, XXIII cap. 4.

Das reformatorische Predigtamt

Erst auf dem Hintergrund dieser Entwicklung wird das reformatorische Ringen um eine neue, im Sinne des ‚sola scriptura' biblisch begründete, Auffassung des Amtes verständlich.

Martin Luther (1483-1546)
Der katholische Bibelwissenschaftler *Martin Luther* entdeckte unter anderem in Auslegung von 1Petr 2,9 die biblische Kategorie des Priestertums aller Gläubigen wieder, so in seiner Schrift ‚An den christlichen Adel' von 1520:

„Alle Christen sind wahrhaft geistlichen Standes, und ist unter ihnen kein Unterschied denn des Amts halben allein [...] Demnach werden wir allesamt durch die Taufe zu Priestern geweiht [...] Was aus der Taufe gekrochen ist, das mag sich rühmen, dass es schon Priester, Bischof und Papst geweiht sei" (WA 6,407, 13ff. 22f. 11f).

Damit fällt die qualitative Unterscheidung von Klerus und Laien. Gott gegenüber sind alle getauften Glaubenden unmittelbar und insofern ‚Priester'. Das von Gott eingesetzte und der Gemeinde eingestiftete Amt – es hat für Luther die besonderen Aufgaben der Wortverkündigung, der Taufe, des Abendmahls und der ‚Schlüssel' (Absolution, Ausschluss und Ermahnung)[37] – gibt es allein aus Gründen der Ordnung und der stellvertretenden Ausübung des grundsätzlich der ganzen (!) Gemeinde gegebenen Auftrags. Die Übertragung eines öffentlichen Amtes an Einzelne ist um des Allgemeinen Priestertums willen notwendig, denn würden alle öffentlich predigen und die Sakramente reichen, entstünde Chaos:

„Was sollte [...] werden, wenn jeder reden oder die Sakramente reichen und keiner dem anderen weichen wollte?" (WA 50, 633, 6-8; vgl. 12, 189, 23).

Dieser immer wieder ausgeführte Ordnungsaspekt des besonderen Amtes wird allerdings oft missverstanden. Ordnung hieß für den spätmittelalterlich geprägten Luther etwas anderes als für uns heute. Ordnung ist nicht einfach die Übereinkunft gleichberechtigter Mitglieder einer Gruppe, in diesem Falle der Gemeinde, sondern Ordnung ist

---

[37] Vgl. *Kühn*, Kirche, 30ff.

immer *von Gott gesetzte* Ordnung, mehr vertikale *An*ordnung als horizontale Selbstorganisation. Hinter der Ordnung steckt Gott selbst. Damit aber wird das „Ordnungsgeschehen selbst zu einem geistlichen Vorgang“[38]. Grundsätzlich sind somit zwar sowohl die „private Glaubensverkündigung als auch der pfarramtliche Aufgabenbereich *beides* Formen der Verwirklichung des Allgemeinen Priestertums“[39], und die ganze Gemeinde behält das Recht und die Pflicht „alle Lehre zu urteilen“ (WA 11,408ff), gleichwohl aber bleibt Luther bei einer deutlichen Unterscheidung zwischen Amt und Gemeinde:

„Es ist wahr, alle Christen sind Priester, aber nicht alle Pfarrer. Dann darüber hinaus, dass er ein Christ und Priester ist, muß er (der Pfarrer) auch ein Amt und ihm anbefohlenes Kirchspiel haben. Der Beruf und der Befehl macht den Pfarrherrn und Prediger“ (WA 31 I,211).[40]

Philipp Melanchthon (1497-1560)

Melanchthon geht explizit davon aus, dass das besondere Amt von Gott eingesetzt, d.h. gestiftet ist. Luther hatte diesen besonderen Aspekt weder thematisiert noch negiert. Vermutlich hat er ihn aber als selbstverständlich vorausgesetzt.[41] Das von Gott eingesetzte *eine* (!) Amt dient der öffentlichen Vernehmbarkeit der Stimme des Evangeliums. Ohne dieses Amt kann die Kirche nicht existieren. Allerdings existiert dieses Amt primär ‚in actu‘, im Vollzug, wird also *funktional* als „das Geschehen des Wortes“[42] aufgefasst und nicht *substanzontologisch* als besondere geistliche Qualität der Amtsinhaber. Die Öffentlichkeit des Amtes resultiert daher weniger aus der Öffentlichkeit der Institution als aus der Öffentlichkeit des Wortes Gottes selbst. Gleichwohl bedarf es dazu einer Institutionalisierung. Melanchthon argumentiert – u.a. von Eph 4 und Joh 20,21 her – für ‚lehrende Amtsträger‘, allerdings um den Preis, dass auf diese Weise die Gemeinde wiederum unterteilt wird, nun in Lehrende und Hörende, in Amtsträger und Gemeindeglieder, in Diener und Bediente. Anders als Luther differenziert Melanchthon stärker zwischen Amt und Allgemeinem Priestertum und akzentuiert gerade die Differenz zwischen beiden. ‚Lehre‘

---

[38] *Kühn,* aaO, 31; vgl. *Goertz,* Begründung, 46.

[39] *Goertz,* aaO, 47.

[40] Vgl. *Müller,* “Pfarramt aller Gläubigen?”, 130f.

[41] Vgl. hierzu unten Kap.3.

[42] *Kühn,* aaO, 45.

resultiert eben gerade nicht aus dem ‚Priestertum', sondern aus einer anderen, besonderen, allerdings mittelbar durch die Kirche vollzogenen Berufung.[43]

Johannes Calvin (1509-1564)

Calvin steht mit seiner Auffassung von Kirche als ‚Amtskirche' Melanchthon wesentlich näher als Luther.[44] Gott handelt durch bestimmte Personen mittels des Amtes *in* und *an* der Kirche. Um der Einheit der Kirche willen besteht das Amt in Unterscheidung von der Gemeinde und differenziert sich in vier Gestalten: Hirten, Lehrer, Älteste und Diakone. Hier geraten also die vielfältigen urchristlichen ‚Ämter' und Dienste wieder in den Blick, wodurch der Begriff der Ältesten, der den kirchlichen Priesterbegriff befördert hatte, wieder zu seinem neutestamentlichen Ursprung zurückgeführt wird. Er wird abgelöst durch den Begriff des Hirten (*pastor*), der zwar kein Herrschaftsamt innehat, gleichwohl aber auf Grund des Stellenwertes der Verkündigung eine deutliche Priorität behält. Dabei steht das Amt allerdings nicht wie im neulutherischen Sinne der Gemeinde gegenüber, sondern wird *funktional,* von seiner Aufgabe her definiert.[45] Als Diener (*minister*) an dem der Gemeinde gegenüberstehenden Wort Gottes sind die Pastoren beauftragt, die Schrift zu studieren und „sowohl in der Öffentlichkeit wie gegenüber Einzelnen das Wort Gottes zu verkündigen: zu lehren, zu ermahnen, zurechtzuweisen und zu tadeln"[46]. Damit haben die Pastoren auch den Auftrag zur Leitung (!) einer bestimmten Ortsgemeinde inklusive Disziplin- und Kirchenzuchtsfragen.
Die *innere* Berufung zu diesem Dienst wird für Calvin erkennbar im Herzenszeugnis der lauteren Gesinnung sowie in der Ausrüstung mit den für den Dienst erforderlichen Gaben durch Gott. Die *äußere* Berufung geschieht öffentlich durch die Kirche („*rite vocatus*", Inst.

---

[43] Diese Differenz zwischen Luther und Melanchthon ist in der gegenwärtigen Debatte um das Pfarrbild wieder wirksam geworden. Der Gedanke des Priestertums aller Gläubigen ist später - vom Pietismus - neu entdeckt worden, etwa durch *Philipp Jakob Spener,* der in seinen Pia Desideria von 1675 die Wiederaufrichtung eines ‚geistlichen Priestertums' einklagt. Demgegenüber beförderte die lutherische Erweckungsbewegung nahezu reaktionär die Revitalisierung der priesterlichen Dimension des Amtes. *Vilmar* beschwor sogar dessen Unverlierbarkeit, den sogenannten „character indelebilis", vgl. *Lohse,* aaO, 580.

[44] *Kühn,* aaO, 65ff.

[45] *Plasger,* Die Dienste in der Gemeinde, 136f; vgl. *Freudenberg,* Kirche, 360.

[46] *Calvin,* Ordonnances, CStA 2,241.

IV,3,10) – ausdrücklich unter Beteiligung und Zustimmung der Gemeinde sowie unter Handauflegung vollzogener Ordination (IV,3,15f), die als Installation *pro loco et tempore* verstanden wurde[47].

Hinsichtlich der Amtseinsetzung denkt Calvin an eine Wahl: „Von Paulus und Barnabas hören wir Apg. 14,23, dass sie den Gemeinden Älteste ‚ordneten', buchstäblich dass sie dieselben ‚unter Handaufhebung bestellten'. Sie folgten also der bei den Griechen geläufigen Sitte, dass sie selbst immer zwei benannten, für deren einen dann die ganze Gemeinde sich durch Handerhebung entschied" (Inst IV 3,5). Exegetisch liegt hier aber eine Fehldeutung vor. Das griechische Wort *cheirotoneo* kann zwar mit „wählen", „bestimmen" oder auch mit „Hand erheben" übersetzt werden, ist aber von den Vergleichsstellen (11,30; 15,2.4.6.22.23; 16,4; 20,17; 21,18) her eindeutig als *Einsetzung* unter Fasten und Gebet zu verstehen.[48] Wie sehr die Einsetzung in ein Amt *von Gott her* erwartet wurde, zeigt auch die ‚Nachwahl' – die Zwischenüberschrift der Lutherbibel ist hier irreführend – des Matthias. Sie erfolgte nicht durch Mehrheitsentscheid, sondern durch das Los. Der ‚Erwählende' war Gott (Apg 1,23ff). Auch die Genfer Kirchenordnung von 1561 kennt noch keine Gemeindewahl, sondern lediglich eine „Zustimmung der Gemeinde" zu den durch die Diener des Rates der Stadt ausgewählten Kandidaten. Diese war allerdings konstitutiv.[49]

Von einer Gemeindewahl im heutigen Sinne ist im Neuen Testament jedenfalls nirgends die Rede. Calvin scheint dies irgendwie auch geahnt zu haben. Immerhin entzieht er der Kirche ausdrücklich die Beurteilung der inneren Berufung, die er von der äußeren Berufung absetzt: „Dagegen ist der verborgene Beruf, dessen sich jeder Diener des Worts vor dem Herrn bewusst ist, dem Urteil der Kirche nicht unterworfen" (Inst. IV 3,5).

Leider fehlt in Calvins Institutio eine Theorie des Presbyteriums[50], so dass das Zusammenspiel der unterschiedlichen Ämter ungeklärt bleibt. Entscheidend für unsere Fragestellung aber ist: Die Befähigung zur Ausübung der einzelnen Funktionen wird von Gott einzelnen Menschen charismatisch anvertraut, insofern sind die Ämter hier ebenfalls *eingesetzt.* Dem Pastor kommt auf Grund seiner Verkündi-

---

[47] *Plasger,* aaO, 137.139.
[48] Vgl. *Jervell,* Apostelgeschichte, 382.
[49] Genfer Kirchenordnung von 1561, in: Reformierte Bekenntnisschriften, 73f.
[50] So zutreffend. *Kühn,* aaO, 65 ff.

gungsaufgabe Priorität zu. Insofern steht das Pfarramt der Gemeinde und den übrigen Ämtern eben doch in gewisser Weise vor. *Otto Weber* spitzte diese – aus heutiger Sicht eher als ‚unreformiert' empfundene – Auffassung zu, wenn er betont: „Alle anderen Amtsträger nehmen lediglich am ministerium, am Dienst des Pastors teil".[51]

Confessio Augustana (1530)

Die *Confessio Augustana* handelt in Artikel V vom „Predigtamt":

> „Damit wir diesen Glauben erlangen, ist das Amt zum Lehren des Evangeliums und Austeilen der Sakramente eingesetzt worden. Denn durch das Wort und die Sakramente als Instrumente wird der Heilige Geist geschenkt, der den Glauben bewirkt, wo und wann es Gott gefällt, in denen, die das Evangelium hören: nämlich, daß Gott nicht wegen unserer Verdienste, sondern um Christi willen diejenigen rechtfertigt, die glauben, daß sie um Christi willen in die Gnade aufgenommen werden. Gal 3,14: „... dass wir die Verheißung des Geistes durch den Glauben empfangen sollen". Sie verwerfen die Wiedertäufer...".[52]

Hier wird keine ausgefeilte Lehre vom Amt entworfen, sondern eine Fokussierung und eine Abgrenzung vorgenommen. Die Fokussierung betrifft die Rechtfertigungslehre als Zentrum evangelischer Verkündigung, die Abgrenzung betrifft die Schwärmerei der Täufer, die meinten, auf Grund innerer Erleuchtung und Direktleitung durch den Heiligen Geist auf jede Art eines institutionalisierten Amtes verzichten zu können. Umstritten ist, ob sich das ‚Predigtamt' an dieser Stelle auf den geistlichen Auftrag aller Getauften bezieht oder bereits auf das besondere ordinationsgebundene Amt.[53] Die ordnungsgemäße Berufung in das öffentliche Amt durch die Kirche fordert eindeutig CA XIV:

---

[51] *Weber*, Calvins Lehre von der Kirche, 34.

[52] Zit. nach Evangelische Bekenntnisse, I, 37.

[53] Vgl. dazu *Peters,* Beitrag zu einer Praktischen Theologie des Amtes, 56ff. Die EKiR vertritt die erste Auffassung und versteht mit *Bonhoeffer* das Pfarramt als einen „Sonderfall des Predigtamtes" (*Bonhoeffer,* Finkenwalder Homiletik, 47; vgl. *Dembek,* Pfarramt, 132ff), das grundsätzlich allen Getauften, also der ganzen Gemeinde anvertraut ist..

„Vom kirchlichen Amt lehren sie, dass niemand in der Kirche öffentlich lehren oder Sakramente spenden soll, ohne ordnungsgemäß dazu berufen zu sein."

Diese Bestimmung hält eine grundlegende Einsicht *Luthers* fest: Niemandem ist es erlaubt, „aufgrund eigener Autorität vorzutreten und an sich allein zu reißen, was allen zusteht"[54]. Recht und Pflicht zur öffentlichen Wortverkündigung sollen unter Gebet und Handauflegung übertragen werden, verleihen dem Amtsträger aber keine besondere geistliche Qualität wie die römisch-katholische Priesterweihe, denn ‚Priester' ist der Ordinand auf Grund seiner Taufe ja grundsätzlich immer schon. Die zu berufenen Personen müssen zur Wortverkündigung und Sakramentsverwaltung geeignet sein, insbesondere durch – wie wir heute sagen würden – theologische Kompetenz mit Fokus auf der „Fähigkeit zur theologischen Schriftauslegung"[55]. Wichtig ist die innere Differenzierung zwischen besonderem Amt einerseits und dem Vollzug der Wortverkündigung und der Sakramentsverwaltung andererseits. Auch Calvin schreibt dem besonderen Amt keine eigene ‚sakramentale' Würde im substanzontologischen Sinne zu; anderenfalls befänden wir uns wieder in der mittelalterlichen Kategorie des Weihepriestertums. Es geht um eine *funktionale* Kompetenz, die sich im Vollzug von Wort und Sakrament, sozusagen ‚in actu' realisiert. Insofern ist das besondere Amt aus reformatorischer Perspektive von seinem Auftrag und seiner Aufgabe her und nicht von der mit dem Amt betrauten Person her zu denken. Nach *Karl-Wilhelm Dahm* verlagerte die Reformation „den Kern des Pfarrberufes von der priesterlich-sakramentalen Vermittlung des Heils auf den Zuspruch der Gnade durch eine Predigt des Evangeliums, die im Alltagsleben der Christen verstehbar und relevant werden sollte"[56].

Dass die ersten evangelischen Prediger nur wenig theologisch gebildet waren und in sozial unsicheren Verhältnissen lebten, stellte eine besondere Herausforderung für die reformatorische Bewegung dar, die sich deshalb ab 1525 intensiv um die theologische Ausbildung und die Institutionalisierung des Pfarramtes bemühte.[57] Hohe und über

---

[54] *Martin Luther*, WA 12, 189,18-20.

[55] „Ordnungsgemäß berufen", 13; vgl. WA 49, 591,11; 53, 258, 17ff.

[56] *Dahm*, Pfarrer/Pfarrerin, 1198.

[57] Vgl. *Grethlein*, Pfarrer ein theologischer Beruf; *Becker*, Pfarrberufe, 89ff.

viele Jahrhunderte währende Priorität kam dabei dem Studium der Schrift zu, was immer wieder zu evangelischen Neuaufbrüchen führte, etwa im Pietismus, in der Inneren Mission oder in der dialektischen Theologie.

Das Ende des landesherrlichen Kirchenregiments 1918

Neben der akademischen theologischen Bildung wurde ein zweiter, kaum zu unterschätzender Faktor wichtig für das evangelische Pfarrbild: das landesherrliche Kirchenregiment. Weil die römischen Bischöfe sich weigerten, evangelische Prediger zu ordinieren und die Gemeinden den geistlich richtigen Anspruch des Allgemeinen Priestertums organisatorisch kaum zu realisieren vermochten, übernahmen die Landesherren faktisch die Bischofsfunktion. Das war reformatorisch unbefriedigend, denn theologisch richtige Erkenntnisse erfuhren hier eine problematische Umsetzung.[58] Dies führte u.a. dazu, dass viele Pfarrer, von der lutherischen Zwei-Reiche-Lehre geprägt, in ihren Landesherren zugleich den Repräsentanten des weltlichen Regimentes Gottes sahen, den „summus episcopus ihrer Kirchen [...] und damit den Garanten ihrer persönlichen sozialen Sicherheit“[59], was bis zur Identifikation mit der kaiserlichen Kriegspolitik führte. Entsprechend verheerend wurde die Katastrophe des Jahres 1918 erlebt und die des Jahres 1945 nicht minder. Der Jahrhunderte währende patriarchale und pastorenkirchliche Konservatismus (*Dahm*) brach zusammen und musste durch neue, zeitgemäße Pfarrbilder ersetzt werden.

Soweit unser kurzer Gang durch die Kirchengeschichte. Wenden wir uns nun der gegenwärtigen Diskussion zu.

---

[58] Vgl. hierzu *Krarup,* Ordination in Wittenberg, 2007.

[59] *Dahm,* aaO, 1199.

2. Aus der gegenwärtigen Diskussion in Theologie und Kirche

Pfarrbilder der wissenschaftlichen Theologie

Der Pfarrer als *Zeuge*, das wesentliche Stichwort der dialektischen Theologie[1], wurde interpretiert als der personifizierte ausgestreckte Finger Johannes des Täufers auf dem Isenheimer Altar, der allein auf den Gekreuzigten hinweist. Gott galt als der ‚ganz Andere'. Eine Anknüpfung der Verkündigung an ein wie auch immer geartetes anthropologisches Vorverständnis war nicht denkbar. Die Predigt des Zeugen beantwortet keine existenziellen Fragen, sondern stellt diese durch das Evangelium ihrerseits in Frage. Im Lichte des Evangeliums sollen die Predigthörenden sich selbst verstehen und ihr Leben immer wieder neu ordnen. Der Pfarrdienst hat für den grundlegenden menschlichen Zugang zum Verstehen Gottes einzutreten: Gott ist nicht begründbar und Apologetik ausgeschlossen, denn ein begründbarer Gott ist a priori schon etwas anderes als Gott. Gott ist immer zuvor. Er muss noch nicht einmal voraus*gesetzt* werden, denn er *ist* immer schon voraus und seinerseits die Voraussetzung aller Dinge.

Mit der empirischen Wende mutierte der Pfarrer vom Zeugen zum *Helfer*. Die Integration humanwissenschaftlicher Erkenntnisse wurde wichtig: Lebenshilfe, Seelsorge und vor allem pädagogische Bereiche repräsentierten wesentliche Aspekte des Pfarrdienstes. Sofern humanwissenschaftliche Kompetenzen so entscheidend wurden, dass sie die theologische Dimension sogar dominierten, warfen Kritiker dieses Konzeptes Seelsorgern ‚therapeutischen Dilettantismus' vor. Außerdem stellte sich die Frage nach dem geistlichen Proprium. Ist die gelungene Beziehung *an sich* schon die Realisierung des Evangeliums (*Stollberg*), oder muss nicht doch der Christusbezug explizit werden, weil es eben nicht nur um die horizontalen menschlichen Beziehungen, sondern ebenso und möglicherweise zuerst um die vertikale Be-

[1] Vgl. etwa *Barth*, Homiletik.

ziehung Gottes zu den Menschen geht, der sich ihnen in Christus zu erkennen gegeben hat?

In der Gegenwart versucht *Josuttis* eine pointierte Antwort. Pfarrerinnen und Pfarrer sind aus seiner Sicht *Mystagogen*, ‚geistliche Führer' in die Zone des *Heiligen*, Grenzgestalten. Es geht um die Wiederentdeckung des Religiösen, repräsentiert insbesondere durch Symbole und Rituale als auch in energetischer Hinsicht.[2]

Ein gänzlich anderes Pfarrbild vertritt *Grözinger*[3]. Vor den Herausforderungen der Postmoderne stellt sich für ihn das Pfarramt dar als ‚Amt der Erinnerung'. Der geschichtenbedürftige Mensch bedarf der ‚Verstrickung' in die vielgestaltige Erzählung des Evangeliums. Analog zum Modell des jüdischen Rabbiners sollen Pfarrerinnen und Pfarrer in erster Linie Schriftgelehrte, *Interpreten des Evangeliums* sein. Machtbefugnisse widersprechen diesem Amt. Pfarrerinnen und Pfarrer brauchen kein Stimmrecht in der Gemeindeleitung, schon gar nicht sollten sie dort den Vorsitz führen. Sie sollen ihre Sache betreiben: Schriftauslegung, Gottesdienst, Unterricht, Seelsorge, Kasualien. *Deeg* hat für dieses am Rabbinat orientierte Modell die Bezeichnung „Pastor legens" vorgeschlagen,[4] der lesende Pastor, der sich als Theologe versteht und daher viel Zeit in theologische und geistliche Studien investiert.

Viele weitere Entwürfe finden sich auf dem Markt gegenwärtiger pastoraltheologische Möglichkeiten. Für *Wagner-Rau* eröffnen Pfarrerinnen und Pfarrer Segensräume, indem sie Menschen in ihrer Subjektwerdung unterstützen.[5] *Gestrich* beschreibt den Pfarrer, die Pfarrerin als religiöse Symbolfigur, die zu vielfältigen Projektionen und Übertragungen provoziert und deren spezifische Rolle in jeder seelsorglichen Interaktion individuell neu zu finden bzw. zu konstruieren ist.[6] *Schmidt-Rost* wiederum sieht im Pfarramt ein Amt gegen die Hori-

---

[2] *Josuttis*, Einführung in das Leben; *Gorski*, Anders als die Anderen, 26; *Michel* zieht die Kategorie des Heiligen als Konstituens der Ordination heran, Zweite Heiligung, 6ff.

[3] *Grözinger*, Amt der Erinnerung, 134ff.

[4] *Deeg*, Pastor legens, 411ff.

[5] *Wagner-Rau*, Segensraum; vgl. jetzt auch *dies.*, Auf der Schwelle: Das Pfarramt im Prozess kirchlichen Wandels.

[6] *Gestrich*, Seelsorge, 166ff; vgl. *Klessmann*, Seelsorge im Zwischenraum, 24f.

zontalisierung der Gesellschaft und warnt vor dem falschen Zauber neuer Begriffe: „Hinter den modernen Vokabeln Interpret – Mediator und Begleiter entdeckt man leicht die alten Begriffe: Prediger, Priester und Pastor, aber in typischer Weiterbildung".[7]

Im Jahre 2001 hat *Grethlein* in einem immer noch grundlegenden Beitrag[8] die geschichtlichen Veränderungen des Pfarrberufs prägnant beschrieben. Umfasste er seit der Reformation einen gesellschaftsbezogenen Bildungsauftrag, der auch das Schulwesen einschloss, so wurde er seit dem Streit um die geistliche Schulaufsicht im 18. Jh.[9] immer mehr auf den Raum der Kirche begrenzt. In diesem Sinne kann man von einer zunehmenden „Verkirchlichung" pfarramtlicher Tätigkeiten im Sinne eines Rückzuges aus der Öffentlichkeit sprechen.[10] So haben Gottesdienst und Predigt, bis ins 19. Jh. hinein Ort auch öffentlicher Interessen (Abkündigungen, Verlesen von Erlassen u.ä.), heute faktisch eine primär innergemeindliche Funktion. Pfarrerinnen und Pfarrer wurden von öffentlichen Amtsträgern zu innergemeindlichen Kommunikatoren: Das „Zurücktreten der verkündigenden, einschließlich der lehrenden Tätigkeit gegenüber der Seelsorge brachte eine geringere inhaltliche Bestimmung pastoraler Praxis mit sich. Die Rolle des Pfarrers bzw. der Pfarrerin als ‚Kommunikator' ist ein Endpunkt in dieser Entwicklung und führt u.a. zu ständiger Überlastung, aber auch zur Ersetzbarkeit durch andere Anbieter am Erlebnismarkt" [11].

Pfarrerinnen und Pfarrer als ‚Kommunikatoren' müssen zunehmend Leitungs- und Managementaufgaben übernehmen. Demgegenüber, so Grethlein, muss es zu einer neuen *inhaltlichen* Bestimmung des Pfarrberufes kommen. Es ist „inhaltlich unabdingbar, dass der Pfarrer bzw. die Pfarrerin die Besonderheit christlicher Daseins- und Wertorientierung alltagsnah zur Darstellung bringen".[12] Der Pfarrberuf ist somit grundlegend als „theologischer Beruf" zu verstehen und zu realisieren.[13]

---

7 *Schmidt-Rost,* Präsenz, 21.

8 *Grethlein,* Pfarrer(in)sein als christlicher Beruf, 372ff.

9 Vgl. *Fooken,* Die geistliche Schulaufsicht und ihre Kritiker im 18. Jahrundert, 1967.

10 *Grethlein,* aaO, 376.382.

11 *ders.,* aaO, 382.

12 *ders.,* aaO, 398.

13 *ders.,* Pfarrer – ein theologischer Beruf!, 2009.

Die gegenwärtig in der Theologie diskutierten Pfarrbilder sind also äußerst vielgestaltig. Die theologische Innensicht des Pfarrberufes wird zunehmend pluralistischer. Hinzu kommen eine Menge divergierender Pfarrbilder im Medienbereich, etwa in Kinofilmen.[14] Diese Vielfalt spiegelt eine gewisse Verunsicherung wider, die sich in vielen Gemeinden und bei nicht wenigen Pfarrerinnen und Pfarrern finden lässt. Mit der Ausdifferenzierung nach auf Spezialisierung drängenden Einzelaspekten geht die Gefahr des ‚Ausfransens' oder der Auflösung eines umfassenden Dienstes einher. Ein wirklich neuer, integrierender und allgemein akzeptierter Begriff zur Kennzeichnung des Pfarrdienstes ist zurzeit nicht erkennbar.

Was also ist der Pfarrberuf? Wie ist sein Wesen zu beschreiben? Was ist seine Funktion? Worin besteht sein Proprium? Was sollen Pfarrerinnen und Pfarrer eigentlich vornehmlich tun? Wozu sind sie da? Und wozu sind sie berufen?

Die Pfarrbilddiskussion innerhalb der Evangelischen Kirchen in Deutschland

Aus solchen und ähnlichen Gründen ist das Pfarrbild auch im Bereich kirchenleitender Gremien in die Diskussion gekommen. Im Zuge der *Würzburger Konsultation* von 1989 wurden im Bereich der EKD drei grundlegende Kompetenzen als für den Pfarrberuf unabdingbar erachtet: *theologische* Kompetenz, *missionarische* Kompetenz und *kybernetische* Kompetenz.[15] Diese drei Kompetenzen sind seitdem ständig weiterreflektiert worden und bilden die Grundlage für die gegenwärtige Pfarrbilddiskussion.

Zum Pfarrbild der Evangelischen Kirche im Rheinland

Der Grundsatz des rheinischen Pfarrbildes aus dem Jahre 1999[16] lautet: „Menschen das Evangelium nahe zu bringen und sie einzuladen, danach zu leben, ist die Mitte des kirchlichen Auftrages. Aus diesem

---

[14] Vgl. hierzu *Roser,* Sympathische Vorurteile, 36ff.

[15] Der Beruf des Pfarrers / der Pfarrerin heute, bes. 26ff.

[16] Ausführungen zum Berufsbild der Gemeindepfarrerinnen und Gemeindepfarrer, 1999.

Auftrag leiten sich alle Aufgaben und Tätigkeiten in der Gemeinde ab, auch die der Pfarrerinnen und Pfarrer."[17]

In der Qualifikationsfrage werden die Würzburger Kriterien erweitert. Als unabdingbar für den Pfarrdienst erachtet werden: grundlegende theologische Kenntnisse, kommunikative, missionarische und liturgische Kompetenz, „grundlegende didaktische und methodische Kenntnisse für verschiedene Altersstufen und Lerngruppen, Fähigkeit zu seelsorgerlich-beratender Gesprächsführung und Kenntnis praktischer Hilfen sowie psychologischer und gesellschaftlicher Zusammenhänge, Fähigkeit zu einladendem und werbendem Handeln, Kenntnis und Anerkenntnis anderer Kompetenzen in der gemeindlichen Arbeit, Teamfähigkeit, Kompetenz in Leitung und Personalführung, Fähigkeit und Bereitschaft zur Arbeitsteilung und Delegation sowie zur Gremienarbeit, Fähigkeit zur Selbstorganisation und Zeiteinteilung sowie zur Kontrolle von Arbeitsergebnissen, grundlegende Kenntnisse über Recht, Verwaltung und Finanzen".[18]

Wichtig sind der missionarische Ansatz (‚einladendes und werbendes Handeln') sowie die Vorordnung des grundlegenden Auftrags der Gemeinde *vor* den Pfarrdienst. Pfarrerinnen und Pfarrer versehen in ihrem Amt Funktionen des der ganzen Gemeinde anvertrauten Dienstes, allerdings in besonderer Weise[19]. Im Hintergrund steht hier die Grundentscheidung der Theologischen Erklärung von Barmen, auf die alle rheinischen Pastorinnen und Pastoren ordiniert werden: „Die verschiedenen Ämter in der Kirche begründen keine Herrschaft der einen über die anderen, sondern die Ausübung des der ganzen [!] Gemeinde anvertrauten und befohlenen Dienstes" (These IV).

Daher ist der Pfarrdienst Teil einer „Gesamtkonzeption gemeindlicher Aufgaben", in der alle „in der Gemeinde vorhandenen Gaben, Fähigkeiten und beruflichen Qualifikationen gleichberechtigt" zu berücksichtigen sind.[20] Diese Vorordnung der Gemeinde vor den Pfarrdienst

---

[17] Ausführungen, aaO 3.

[18] AaO 4f. Darüber hinaus wurden Kriterien zu ‚Eignungsvoraussetzungen' entwickelt, die an dieser Stelle aber nicht weiter behandelt werden können.

[19] Vgl. hierzu den Synodalbeschluss von 2004 „Ordination, Dienst und Ämter nach Evangelischem Verständnis".

[20] Ausführungen, aaO, 3. Mittels einer entsprechenden Arbeitshilfe unter dem Titel *Visionen erden* werden in allen Gemeinden der EKiR derartige Konzeptionen entwickelt.

spiegelt sich auch wieder in der Kirchenordnung der EKiR, deren erster Teil zunächst die Kirchengemeinde behandelt (Art. 5–48) und erst *danach* den Dienst der Pfarrerinnen und Pfarrer und der anderen Ordinierten (Art. 49-63).[21] Umstritten bleibt die Frage, ob es sich bei dieser Ausübung um eine stellvertretende *Delegation* des Dienstes auf ein Amt handelt, ob dieses besondere Amt lediglich ein Segment im Zusammenspiel der unterschiedlichen Gaben und Ämter darstellt oder ob dieses eine besondere Amt möglicherweise in erster Linie um der Entwicklung und Entfaltung des Dienstes der gesamten Gemeinde willen *gestiftet* und *eingesetzt* ist.

Das Pfarrbild der Evangelischen Kirche von Kurhessen-Waldeck

Die Evangelische Kirche von Kurhessen-Waldeck hat ihre Überlegungen zum Pfarrbild im Jahre 2001 vorgelegt, 2004 in überarbeiteter Fassung.[22] Im Grundsatz basiert der Entwurf auf der Deutung des Pfarrberufes von der Professionstheorie her, wie sie *Isolde Karle*[23] in die Diskussion eingeführt hat. Karle will mit Hilfe der Soziologie als Referenzwissenschaft die ständige psychologische Selbstreflexion überwinden, die ihrer Meinung nach nichts anderes ist als „Pfarrherrlichkeit modernen Stiles“[24]. Professionen repräsentieren demgegenüber transsubjektive Dimensionen, beziehen sich auf zentrale menschliche Fragen (wie etwa Medizin, Jura, Pädagogik, Theologie) und vermitteln kulturell relevante Sachverhalte. Professionen sind darüber hinaus gekennzeichnet durch eine Reglementierung des Berufszugangs, ein spezielles Berufsethos, einen Kompensationsvertrag mit dem Arbeitgeber („package-deal“) sowie durch verschiedene Repräsentationsfunktionen und die Ausstattung mit einer Amtstracht. Die soziologische Funktion des Amtes ist der Subjektivität der Amtsträgerinnen und Amtsträger vorgeordnet. Damit verbunden ist eine deutliche Favorisierung der Generalistenrolle zu Lasten von Ausdifferenzierungen in Spezialfunktionen. Das Pfarramt realisiert und konkretisiert das Allgemeine Priestertum professionell.

---

[21] Kirchenordnung der Evangelischen Kirche im Rheinland vom 10. Januar 2003 zuletzt geändert durch Kirchengesetz vom 10. Januar 2008 – Stand Mai 2008.

[22] Das Amt der Pfarrers und der Pfarrerin in der modernen Gesellschaft, 2001, Neuauflage 2004.

[23] *Karle*, Pfarrberuf, 2001; dies., Pastorale Kompetenz, PTh 89 (2000) 508-523; vgl. Darstellung und Kritik bei *Becker*, Pfarrberufe, aaO, 146ff und bei *Asmus*, Pfarrer, 57ff.

[24] *Karle*, Pfarrberuf, aaO, 14.

Dieses Modell wertet den Pfarrberuf professionstheoretisch erheblich auf. Kritisch anzufragen wäre allerdings, ob die impliziten berufssoziologischen Entscheidungen noch tragen. Differenzieren sich nicht die anderen Professionen wie Ärztin oder Jurist längst in spezielle Teilfunktionen und hebeln dadurch ihren eigenen Charakter als homogene Profession de facto aus?[25]

Das Papier der EKKW nimmt im Anschluss an Karles Modell den alten Dilettantismusvorwurf auf. Er lautet: Pfarrerinnen und Pfarrer sind zwar für alles da, aber für nichts richtig und daher in vielem dilettantisch.[26] Demgegenüber stehe das Pfarramt für eine ganz bestimmte Profession, nämlich für die religiöse. So wie eine Ärztin für Gesundheit steht und ein Jurist für Gerechtigkeit, so steht die Profession der Pfarrerin oder des Pfarrers für die „Verheißung der Gegenwart des ewigen Heils“[27]. Das Amt wird auf diese Weise theologisch unmittelbar im Heilshandeln Gottes verankert.

Die „Nähe zum katholischen Priesterverständnis“[28], die *Becker* hier konstatiert, wird allerdings vom kurhessischen Entwurf ausdrücklich zurückgewiesen.[29] Es geht nicht um die Überführung in einen wie auch immer gearteten Priesterstand, sondern – *funktional* – um die „dauerhafte Übertragung von klar bestimmten, freilich für die Kirche als der Gemeinschaft der Gläubigen fundamental wichtigen Aufgaben, die prinzipiell von jedem Christenmenschen wahrgenommen werden können.“[30] Die Grundaufgabe des besonderen Amtes besteht darin, dass „das ewige Heil in der Bezeugung des Evangeliums zur Sprache kommt“ und dass „der Einzelne im Hören auf das Glauben schaffende Wort vom Evangelium als dem ewigen Heil angerührt wird“[31].

---

[25] Mit *Dieter Becker* gesprochen: „Die Autonomie des Professionsberufes ist heute eine Illusion. Die Gebührenordnung für Ärzte schreibt Behandlungszeiten vor und die Höhe der Entlohnung. Die Pensen [...] für Richter legen die gerichtliche Bearbeitungsdauer [...] fest. Hierin unterscheiden sich der Arzt-, Richterberuf nicht mehr von dem eines KFZ-Mechanikers“, Pfarrberufe, 154. Vgl. *Asmus,* aaO, 59.

[26] Das Amt des Pfarrers und der Pfarrerin, aaO, 11.

[27] AaO, 19ff.

[28] *Becker,* aaO, 161.

[29] Das Amt des Pfarrers, aaO, 21.

[30] AaO, 22.

[31] Ebd.

Ähnlich wie das rheinische basiert auch das kurhessische Pfarrbild auf dem Allgemeinen Priestertum. In der Ordination werden aber Aufgaben, die prinzipiell von allen Christen und Christinnen übernommen werden könnten, auf eine bestimmte Person übertragen, die damit ein ‚schweres Amt' auf sich nimmt. In der Ausübung des Amtes, also in der Erfüllung dieser besonderen Aufgaben sind Pfarrerinnen und Pfarrer grundsätzlich leitende Generalisten. Sie stehen öffentlich „für die Kirche" und sind daher ihr gegenüber zu kritischer Grundsolidarität verpflichtet. Die Interpretation ihrer Profession als Repräsentanz der „Verheißung der Gegenwart des ewigen Heils" führt zu konkreten Folgen für das Pfarramt, insbesondere zur Beibehaltung der Residenzpflicht im Pfarrhaus sowie zur durchgängigen Erreichbarkeit.[32] Auch dieser Entwurf fordert und fördert die Wahrnehmung, Aktivierung und Stärkung von Begabungen der Gemeinde, hebt aber das besondere Amt aus der Gemeinde sehr viel deutlicher heraus als der rheinische.

Das Pfarrbild der Evangelischen Kirche Berlin-Brandenburg-schlesische Oberlausitz

Der Entwurf der EKBO ist pragmatisch ausgerichtet und will die praktische Gestaltung der „Zusammenarbeit der Pfarrerinnen und Pfarrer mit ihren Gemeinden fördern"[33]. Superintendentinnen und Superintendenten sollen Dienstvereinbarungen zwischen Gemeinde und Amtsinhabern moderieren, die die Erwartungen der Gemeinde mit den persönlichen Gaben der Pfarrerinnen und Pfarrer vermitteln. Eine Musterdienstanweisung ist dem Entwurf beigefügt. Auch werden konkrete Vorschläge zur Arbeitszeitregelung gemacht. Dieses Konzept bietet große Chancen, die häufig disparaten und bisweilen stark divergierenden Vorstellungen vom pfarramtlichen Dienst in einem geordneten Verfahren miteinander bewusst zu machen und möglichst zu synchronisieren. Die einzelnen Vereinbarungen sollen in einem Controlling alle drei Jahre evaluiert werden. In *geistlicher* Hinsicht wird die pastorale Rolle nicht beschrieben. Lediglich pastorale Kernaufgaben und lokale Besonderheiten werden unterschieden.[34] Hervorzuheben ist noch, dass der wissenschaftlichen theologischen Arbeit von Pfarrerinnen und Pfarrern ausdrücklich Raum gegeben wird.

---

32 AaO, 40ff.

33 Pfarrerin und Pfarrer als Beruf, 2004, I, 3.

34 AaO, III b, 11.

Zum Pfarrbild der Evangelischen Kirche in Hessen und Nassau

Die EKHN hat 2005 ein Konsultationspapier mit einem stark integrativen Ansatz zur Diskussion gestellt, das versucht, die vielfältigen Aspekte des Pfarrberufes konstruktiv aufeinander zu beziehen.[35] Das Papier will „gegenwärtige Fragestellungen zum Pfarrdienst erörtern [...] ohne ein bestimmtes Pfarrbild festzuschreiben“[36].

Eine wesentliche Grundentscheidung – darin der EKiR vergleichbar – besteht in der Unterscheidung von Predigtamt und Pfarramt unter Berufung auf CA V. Das Predigtamt ist von Gott eingesetzt, das Pfarramt ist eine bestimmte historische, soziale sowie *funktionale* Ausgestaltung dieses grundsätzlich vielgestaltigen Predigtamtes. Das Pfarramt ist *eine* Ausgestaltung des Predigtamtes mit der zentralen Aufgabe der „Kommunikation des Evangeliums durch Wort und Sakrament in Gottesdienst, Kasualien, Seelsorge und religiöser Bildung“ mit dem Ziel, „den Glauben zu wecken“[37].

Pfarrerinnen und Pfarrer sind Spezialisten für die religiöse Dimension menschlichen Lebens. Die Alternative zwischen göttlicher Stiftung oder Delegation durch die Gemeinde soll überwunden werden: „Das Pfarramt ist als Verwirklichungsform des ‚Predigtamtes‘ gottgewollt und zugleich als Organisationsform menschlich gestaltet“[38]. Es ist anderen geistlichen Ämtern (Musiker, Küsterin etc.) grundsätzlich gleichgeordnet, und das „Zusammenwirken verschiedener Berufe und vielfältigen ehrenamtlichen Engagements ist ein großer Schatz der Kirche“[39]. Auch sollen Gemeindepfarrdienst und funktionaler Pfarrdienst in soziologischer Vielfalt aufeinander bezogen werden.

Das Pfarrbild des Verbandes der Pfarrvereine 2002

Das seit 1999 vom Verband der Vereine Evangelischer Pfarrerinnen und Pfarrer in Deutschland e.V. entwickelte Leitbild begründet die Notwendigkeit theologischer Professionalität mit der zunehmenden Differenzierung der Gesellschaft[40]. *Marquard* sieht „in diesem Er-

---

[35] Perspektiven des Pfarrberufs, 2005.

[36] Perspektiven, 4.

[37] AaO, 9 und 43.

[38] AaO, 12.

[39] AaO, 21.

[40] Pfarrerinnen und Pfarrer in der Gemeinde, 2002, 10. Über Forum IV zum Pfarrerbild in Eisenach am 27./28.2.03, in dem dieser Entwurf diskutiert wurde, berichten *Gärtner*, Berufs-Leitbild, 171ff und *Sunnus*, Leitbild 173f.

kenntnisgewinn die eigentliche Bedeutung dieses Leitbildes für momentane Weichenstellungen im deutschen Protestantismus".[41] Es formuliert folgende Eckpunkte:
Pfarrerinnen und Pfarrer „leben mit der Gemeinde, sie überzeugen durch geistlich-theologische Kompetenz, stiften zum Glauben an, machen Lust auf spirituelles Leben, inszenieren mit anderen zusammen ansprechende Gottesdienste, mischen sich ein, sind Dialogpartner in Lebensfragen, wirken durch ihre Persönlichkeit, bringen Beruf und Privatleben unter einen Hut, fördern Begegnung und Gemeinschaft, setzen aufs Team, kennen ihre Stärken und Schwächen, gehen neue Wege, verstehen Medienarbeit als Teil ihrer Aufgabe, stellen sich in den Weg, wo die Menschenwürde verletzt wird, wissen, dass das Reich Gottes ‚Chefsache' ist."[42]

Mit dem rheinischen Pfarrbild verbindet dieser Entwurf die hohe Dichte der für den Pfarrberuf konstitutiv erachteten Einzelkompetenzen, mit dem kurhessischen die starke Hervorhebung der Professionalität. Allen drei Entwürfen gemeinsam ist die prinzipielle Verankerung des Amtes im Allgemeinen Priestertum der Gemeinde. Dies ist allerdings stärker ausgeprägt in den Entwürfen der EKHN und der EKiR, und zwar durch die explizite Vorordnung der Gemeinde vor den Pfarrdienst. Interessant ist der hohe Stellenwert sowohl der missionarischen Dimension als auch die explizite Betonung der Teamfähigkeit in allen Entwürfen. Offensichtlich wird in diesen Bereichen ein besonderer Nachbesserungsbedarf diagnostiziert.

Der Pfarrberuf als Schlüsselberuf – zum EKD-Impulspapier „Kirche der Freiheit"

Das EKD-Papier „Kirche der Freiheit" aus dem Jahre 2006 liegt insofern auf der Linie der skizzierten Entwürfe, als es das Priestertum aller Getauften (5. Leuchtfeuer) *vor* dem besonderen Pfarramt abhandelt (6. Leuchtfeuer).[43] Gleichwohl wird der Pfarrberuf als „Schlüsselberuf" gekennzeichnet. Explizit sind „Pfarrerinnen und Pfarrer *leitende* geistliche Mitarbeitende der evangelischen Kirche. Zu ihren Schlüsselkompetenzen gehören theologische Urteilsfähigkeit und geistliche Präsenz, seelsorgerliches Einfühlungsvermögen und kommunikative

---

[41] *Marquard*, Einheit und Unterscheidung, 402.
[42] Pfarrerinnen und Pfarrer in der Gemeinde, aaO, 9.
[43] Kirche der Freiheit, 67ff und 71ff.

Kompetenz, Teamfähigkeit und Lernbereitschaft, Qualitätsniveau und Verantwortung für das Ganze der Kirche"[44].

Konstitutiv für den Pfarrberuf ist die akademische Ausbildung, durch die der Zusammenhang von Glaube und Vernunft gewährleistet wird. Gefördert werden sollen besonders folgende Kompetenzen:[45]

- Die „Amtshandlungskompetenz". Dies trägt dem Ergebnis der vierten Mitgliedschaftsstudie der EKD Rechnung, in der die hohen Erwartungen an gute und überzeugende Amtshandlungen an der Spitze stehen.[46]
- Die „missionarische Innovationskompetenz". Dies trägt der Grundentscheidung der EKD-Synode 1999 Rechnung, den missionarischen Auftrag neu zu gestalten.[47]
- Die „gabenorientierte Motivations- und Qualifikationskompetenz". Durch sie soll das Ehrenamt gefördert und gestärkt werden.
- Die „qualifizierte Führungskompetenz". Pfarrerinnen und Pfarrer sollen geistlich leiten und für neue Ziele begeistern.

Diese Kompetenzbeschreibungen, so eindrücklich und nachvollziehbar sie sind, beinhalten Spannungen, die im Laufe der weiteren Diskussion eine Konsensfindung möglicherweise erschweren werden. Da ist zunächst die volkskirchliche Erwartung, die Pfarrerin oder der Pfarrer mögen die klassische *Betreuungskirche* professionell repräsentieren und bedienen, was sich vor allem in ansprechenden Amtshandlungen konkretisiert. Diese Erwartung steht in Spannung zu dem missionarischen Auftrag der Kirche, der eine *Beteiligungskirche* anvisiert, welche aber die Mehrheit der Kirchenmitglieder nach der letzten Mitgliedschaftsuntersuchung offensichtlich weniger anstrebt.[48] Die Frage lautet also: Sollen Pfarrerinnen und Pfarrer in erster Linie die vorhandene Gemeinde durch ihr Hirtenamt versorgen, oder sollen sie sich in erster Linie um Menschen kümmern, die noch nicht zu Gemeinde gehören, was ihnen meist den Vorwurf der Vernachlässigung der Kerngemeinde einbringt? Oder sollen sie – im Sinne der berühmten „Missionarischen Doppelstrategie"[49] – das Eine tun und das An-

[44] AaO 71, kursiv nicht im Original.
[45] Das Folgende aaO, 73.
[46] Vgl. *Schulz*, Wegmarken für eine Kirche im Wandel, 171.
[47] Vgl. unten Kap. 6.
[48] *Schulz*, aaO, 172; vgl. hierzu unten Kap. 4.
[49] Vgl. *Lorenz / Reller*, Alternative: Glauben, 1985.

dere nicht lassen? Dann wären sie Pastoren und Evangelisten in einem, während das Neue Testament diese Funktionen gerade unterscheidet (Eph 4,16), von der vorprogrammierten Überforderung einmal ganz abgesehen.

Die zweite Spannung besteht im Verhältnis des besonderen Amtes zum Allgemeinen Priestertum. Ist das Pfarramt der Gemeinde nachgeordnet, so heißt das strenggenommen, die Gemeinde bedient sich des Amtes, um ihren allgemeinen Dienstauftrag zu erfüllen. Hat das Pfarramt aber einen eigenständigen Leitungsauftrag, so heißt dies: Pfarrerin oder Pfarrer leiten die Gemeinde, zumindest geistlich, und erfüllen ihren Dienstauftrag durch die Aktivierung von Ehrenamtlichen und werden dadurch „zur oder zum leitenden Geistlichen eines Netzwerkes von Ehrenamtlichen“.[50] Als Frage formuliert: Dient das Ehrenamt dem Hauptamt, oder entwickelt das Hauptamt das Ehrenamt? Wer ist hier eigentlich um wessen willen da? Oder sind dies falsche Alternativen, und die Kunst des Pfarrdienstes bestünde gerade in der komplementären Verbindung dieser Dimensionen?[51]

Macht man sich diese Zusammenhänge bewusst, begreift man schnell, dass sich hinter der Kategorie der ‚Überkomplexität‘[52] des Pfarrberufes noch so manche weitere Tücken und Fußangeln verbergen. Für die Diskussion um das Pfarrbild ist hier festzuhalten, dass die EKD-Freiheitsschrift zwar einerseits das Ehrenamt aufwertet, wenn es heißt: „der ehrenamtliche und nicht hauptamtliche Dienst erfährt – auch in der Beteiligung am Verkündigungsauftrag der Kirche – eine klare Würdigung“[53], anderseits aber dem Pfarrberuf eine deutliche Führungs- und Leitungsrolle zuschreibt. Das Ehrenamt erfährt dann eben doch *nur* eine „Beteiligung“. Ferner wäre zu fragen, was denn unter einem ‚Schlüsselberuf‘ genau zu verstehen ist.

---

[50] Kirche der Freiheit, 68.

[51] Dies reicht bis in die Organisationsformen von Kirche hinein, wie *Grethlein* ausführt: „Kirchentheoretisch gesprochen steht hier die Kirche als Institution, in der Amtshandlungen grundlegende Bedeutung haben, der neuen Gestalt als Organisation gegenüber, in der zielgerichtete Personalführung im Vordergrund steht“, *ders.* Pfarrer – ein theologischer Beruf!, 79.

[52] *Karle,* Pfarrerinnen und Pfarrer, 629-634.

[53] Kirche der Freiheit, 67.

Alles in allem lässt sich feststellen, dass sich die Pfarrbilder innerhalb der Gliedkirchen der EKD durchaus disparat entwickeln. Die einen betonen das herausgehobene Pfarr*amt* wieder neu (EKKW), die anderen die Eingliederung des Pfarr*dienstes* in den Dienst der gesamten Gemeinde (EKiR, EKHN). Das EKD-Freiheitspapier nimmt zwar beide Linien auf, gibt aber gleichwohl dem besonderen Amt als dem ‚Schlüsselberuf' deutliche Priorität.

3. Allgemeines Priestertum und besonderes Amt

Von der 4. These der Barmer Theologischen Erklärung her sind die verschiedenen Ämter als Ausübung des der ganzen Gemeinde anvertrauten und befohlenen Dienstes zu verstehen. Auf dieser Linie hat die Evangelische Kirche im Rheinland (EKiR) 2004 ihr Ordinations- und Amtsverständnis beraten und in einem ausführlichen Synodalbeschluss dargelegt[1]:

Es gibt „verschiedene Ämter in der Kirche, wobei nicht nur an die vier Calvinischen Ämter (Hirten, Lehrer, Älteste, Diakone) zu denken ist, sondern an die Vielfalt hauptberuflich, nebenamtlich und ehrenamtlich ausgeübter Tätigkeiten [...]. Der eine Dienst, zu dem alle Christen von ihrem Herrn berufen sind, findet seinen Ausdruck in verschiedenen Ämtern, die als kirchliche Ämter alle in einem Dienst miteinander verbunden sind. Jeder Christ lebt also im ‚Dienst', sofern er aus dem Glauben heraus für die Gemeinde und über sie hinaus für seinen Nächsten tätig ist. Eben hierzu wird er in der Taufe berufen und Zeit seines Lebens im immer wieder neuen Hören auf Gottes Wort bestärkt. Unter Berufung auf diesen allgemeinen Dienstauftrag und diese Dienstbevollmächtigung werden Menschen durch die Kirche in besondere Ämter eingesetzt. Der Begriff ‚Amt' bezeichnet dabei innerhalb der Institution Kirche eine Funktion mit definierten Zuständigkeiten."[2]
Insofern ist das, was den Ordinierten aufgetragen ist, „im Wesentlichen nichts anderes als das, wozu jeder getaufte Christ kraft des im Glauben anzunehmenden Wortes Gottes beauftragt und bevollmächtigt ist: zu bezeugen und weiterzugeben, wodurch er sein Leben im Glauben empfängt"[3].

Das ‚Amt' ist im Grundsatz nichts anderes als eine spezielle Form des ‚Dienstes', weshalb die EKiR den Terminus ‚Pfarrdienst' dem Begriff

[1] Ordination, Dienst und Ämter nach Evangelischem Verständnis, 2004.
[2] Ordination, aaO, 11.
[3] Ordination, aaO, 12.

‚Pfarramt' vorzieht. Nur dass diejenigen Dimensionen des Pfarrdienstes, die aus der Ordination resultieren, nämlich Wortverkündigung, Sakramentsverwaltung und Seelsorge, *öffentlich und durch die Kirche beauftragt* realisiert werden.

Natürlich wird über diese Akzentuierung des Pfarrbildes heftig diskutiert. *Hans Martin Müller* etwa betont, das ‚Priestertum aller Gläubigen' bedeute noch lange kein ‚Pfarramt aller Gläubigen'.[4] Was grundsätzlich allen aufgetragen ist, das können gar nicht alle ausführen, nicht nur aus Gründen der Ordnung und nicht nur aus Gründen der Befähigung, sondern weil das Amt eine *von Gott gesetzte* eigene Größe sei. Wie verhalten sich also Priestertum aller Gläubigen und der besondere Dienst, das ‚Amt', sowie der Dienst *an* der Gemeinde und der Dienst *der* Gemeinde zueinander?

Konfessionelle Akzente

Das römisch-katholische Priestertum

Bevor wir die Pfarrbilddiskussion weiter verfolgen, werfen wir einen kurzen Blick auf die vorreformatorische Wurzel des evangelischen Pfarrberufes: das *römisch-katholische Priestertum.* Die römisch-katholische Kirche betrachtet ihr Priesteramt eindeutig als göttliche Setzung und Stiftung, wie ein Blick in den Katholischen Weltkatechismus[5] belegt: „Christus selbst ist der Urheber des Amtes in der Kirche. Er hat es eingesetzt, ihm Vollmacht und Sendung, Ausrichtung und Zielsetzung gegeben" (874).

Die „Diener der Gnade" handeln „in der Person Christi des Hauptes". Aus diesem Grund wird ihnen das Amt „durch ein eigenes Sakrament" (875) übertragen, die Weihe. Durch das Amtspriestertum wird das Priestertum Christi „gegenwärtig gemacht, ohne dass dadurch der Einzigkeit des Priestertums Christi Abbruch getan würde" (1545).

Das besondere Amt bildet keinen Bestandteil der Gemeinde, sondern steht ihr, dem Leib, eindeutig als *sakramentale Repräsentanz* Jesu Christi, des Hauptes, gegenüber: „Der vom Herrn Gesandte spricht und handelt nicht in eigener Autorität, sondern kraft der Autorität

---

[4] *Müller*, „Pfarramt aller Gläubigen"?, 125-136.

[5] Katechismus der Katholischen Kirche 1993.

Christi; er spricht zu der Gemeinde *nicht als eines ihrer Glieder, sondern im Namen Christi*" (875).

Für unsere Fragestellung zentral ist nun folgende Aussage: „Christus selbst ist im kirchlichen Dienst des geweihten Priesters in seiner Kirche zugegen als Haupt seines Leibes, Hirt seiner Herde, Hohepriester des Erlösungsopfers und Lehrer der Wahrheit. Die Kirche bringt dies zum Ausdruck, indem sie sagt, dass der Priester kraft Weihesakramentes ‚in der Person Christi des Hauptes' [in persona Christi capitis] handelt." (1548)[6]. „Durch das geweihte Amt [...] wird sichtbar gemacht, dass Christus als Haupt der Kirche inmitten der Gemeinschaft der Gläubigen gegenwärtig ist" (1549).

Der Katechismus bringt die römisch-katholische Amtstheologie auf den Punkt, wenn er von der „Gegenwart Christi im Amtsträger" (1550) spricht. Damit stellt das besondere Priestertum nicht weniger dar als die Realrepräsentanz des Auferstandenen selbst! Zwar vertritt der Priester zugleich auch die Kirche vor Gott, aber nur sofern er als Christusrepräsentant zugleich auch Diener der Kirche, nämlich Vertreter des Bischofs ist.[7] Im Grundsatz gilt: „Das Amtspriestertum kann die Kirche nur deshalb repräsentieren, weil es Christus repräsentiert" (1553). „Das Amtspriestertum ist vom gemeinsamen Priestertum dem Wesen nach verschieden, denn es verleiht eine heilige Vollmacht zum Dienst an den Gläubigen. Die geweihten Diener üben ihren Dienst für das Volk Gottes aus durch Lehrtätigkeit (munus docendi), durch den Gottesdienst (munus liturgicum) und durch die pastorale Leitung (munus regendi)." (1592)

Dass genau dieses Amtsverständnis in der Symbolik der *weißen* Amtstracht, des Priestergewandes, zum Ausdruck gebracht wird, sei nur am Rande vermerkt. Interessanter ist die Zweckbestimmung des besonderen Priestertums. Gerade *weil* es gestiftet ist und von Gott her zur Gemeinde kommt, ist es um des Allgemeinen Priestertums willen gegeben und steht „im Dienst dieses gemeinsamen Priestertums. Es bezieht sich auf die Entfaltung der Taufgnade aller Christen. Es ist eines der *Mittel,* durch die Christus seine Kirche unablässig aufbaut und leitet" (1120).

---

[6] Vgl. auch 1120: „sie erhalten den Geist Jesu, um in seinem Namen und in seiner Person zu handeln". Biblische Bezugstexte sind Joh 20,21-23; Lk 24,47; Mt 28,18-20.

[7] Vgl. *Raschzok,* Ordination als Berufung und Lebensarbeit, 145.

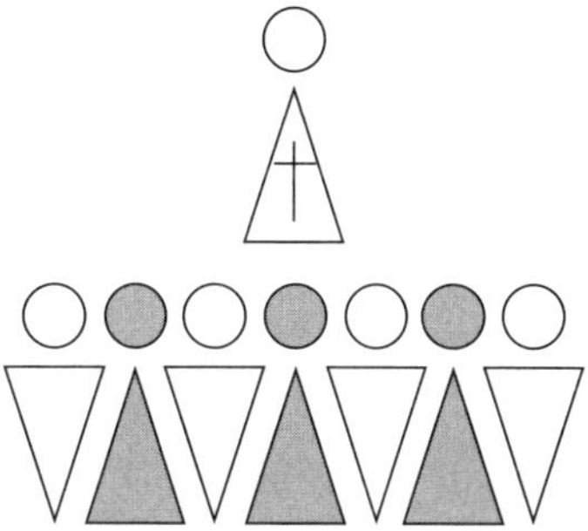

Abb. 1: Der Priester als Repräsentant Christi steht als Abbild des Hauptes des Leibes über dem Allgemeinen Priestertum. Das Amt ist gestiftet.

Steht also das katholische Priesteramt der Gemeinde eindeutig gegenüber, so bleibt diese Frage in den Evangelischen Kirchen umstritten. Das Evangelische Pfarramt tut beides: Es steht der Gemeinde gegenüber und ist doch zugleich Teil ihrer selbst. Es ist dieser Zwei-Naturen-Charakter des Amtes, der immer wieder zur Verwirrung führt. Denn je nachdem, nach welcher Seite hin diese zwei Naturen gewichtet werden, rückt das Amt stark in die Gemeinde (so u.a. in der EKiR) oder eher auf die Repräsentationsseite (so u.a. in der EKKW). Dabei geht der jeweils komplementäre Aspekt nicht verloren, kommt aber unterschiedlich stark zu Geltung.

Evangelisch-lutherisches Verständnis

Nach lutherischem Verständnis ist das besondere Amt ebenfalls vom Allgemeinen Priestertum zu unterscheiden und steht diesem gegenüber. Das besondere Amt ist von Gott eingesetzt und wird durch die Ordination einem bestimmten Menschen übertragen. Diese Übertragung ist allerdings nicht substanzontologisch zu verstehen, sondern *funktional*, d.h. sie verändert nicht bleibend das Wesen des Amtsträgers oder der Amtsträgerin, sondern betraut diese mit einer besonderen öffentlichen Aufgabe.

Abb. 2: Das Pfarramt steht dem Allgemeinen Priestertum gegenüber. Das Amt ist gestiftet.

Ekklesiologisch werden Pfarramt und Kirchengemeinderat als zwei eigenständige Größen aufgefasst, was kirchenrechtlich darin deutlich wird, dass dem Pfarramt ein Vetorecht gegenüber letzterem zukommt.

Reformiertes Verständnis

In reformierten Auffassungen kann der Aspekt des besonderen Amtes bis dahin reduziert werden, dass Pfarrerinnen und Pfarrer nicht einmal mehr Sitz und Stimme im Presbyterium haben. Eine solche Reduktion findet sich beispielsweise in einigen Schweizer Kantonalkirchen. Sie sind Pastorinnen und Pastoren mit geistlichem Auftrag, basierend auf ihrer theologischen Kernkompetenz: Verkündigung, Sakramentsverwaltung, Unterricht und Seelsorge.

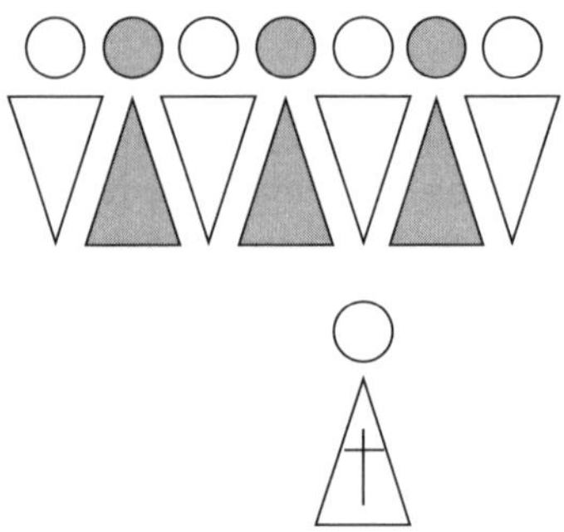

Abb. 3: Der Pfarrdienst steht unter der Leitung des Presbyteriums. Das ‚Amt' ist aus dem Allgemeinen Priestertum delegiert.

Bei Calvin war dies deutlich anders, wie wir oben gezeigt haben. Zwar versah der Pastor seinen Dienst in der Gemeinschaft eines Ämtergefüges, bestehend aus Pastor, Diakon, Lehrer und Ältesten, gleichwohl aber tat er dies ausdrücklich in leitender Funktion. Die zur Ausübung des Pfarramtes erforderlichen Kompetenzen wurden als Gaben direkt von Gott erwartet. Darin bewahrt Calvin einen wesentlichen Aspekt des Stiftungsgedankens. Leider findet sich in seiner Institutio keine Theorie des Presbyteriums. In der Genfer Kirchenordnung liegt die Vollmacht zur Pfarrstellenbesetzung beim Rat der Stadt.

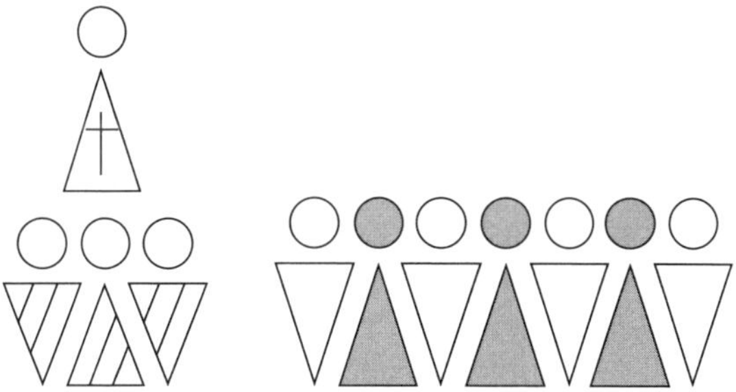

Bild 4: Der Pastor steht an der Spitze eines Ämtergefüges. Die Ämter sind von Gott eingesetzt. Keine ausgearbeitete Theorie des Presbyteriums.

Uniertes Verständnis
Der bereits angesprochene Zwei-Naturen-Charakter des Evangelischen Pfarramtes lässt sich gut zeigen in der Kirchenordnung der EKiR, nicht zuletzt darum, weil hier auf Grund der Geschichte der Union lutherische und reformierte Aspekte zu einer Synthese zusammengeführt worden sind. Pfarrerinnen und Pfarrer sind hier geborene Mitglieder des Presbyteriums mit einer Stimme ohne Vetorecht und insofern nichts anderes als Bestandteil des Allgemeinen Priestertums (*Delegation*). In den Bereichen Verkündigung und Seelsorge allerdings arbeiten sie selbstständig und stehen dem Presbyterium und der Gemeinde *zugleich auch* gegenüber (*Stiftung*).

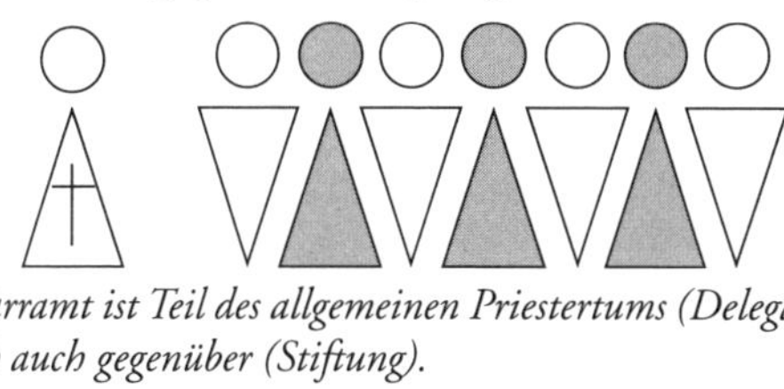

Bild 5: Das Pfarramt ist Teil des allgemeinen Priestertums (Delegation) und steht diesem zugleich auch gegenüber (Stiftung).

„Der Dienst der Ordinierten als *Gegenüber zur Gemeinde* ist darin begründet, dass die Kirche zwischen sich selbst und ihrem Grund unterscheidet und gerade deshalb einen Dienst einrichtet, der die konstitutive, kritische und kommunikative Aufgabe hat, sie mit diesem Ursprung in Beziehung zu setzen [...] und sie auf ihr Ziel auszurichten. Sie gewährt diesem Dienst eine Freiheit, die auch institutionell gesichert ist“.[8]

[8] Ordination, Dienst und Äm#ter, 20.

Die ökumenische Frage

Es ist diese vielgestaltige Polyvalenz, die seitens der *Ökumene* immer wieder zu kritischen Anfragen an die diversen und evangelischen Amtsauffassungen führt, die bisher nicht eindeutig beantwortet werden können, trotz mannigfacher Versuche. Hier eine knappe Skizze:[9]

Der *Malta-Bericht* aus dem Jahre 1972 hatte zunächst den Gedanken der Ableitung des Amtes aus dem Allgemeinen Priestertum aufgenommen, dann aber den Vergleich der Ämter auf die formalen Ähnlichkeiten, nicht aber auf die inhaltlichen Unterschiede fokussiert. Diese blieben offen.

Die Ausarbeitung *Das geistliche Amt in der Kirche* der gemeinsamen römisch-katholisch/evangelisch-lutherischen Kommission aus dem Jahre 1981 betonte zwar das gemeinsame Fundament der Rechtfertigungslehre, verwendet die Kategorie des Allgemeinen Priestertums aber durchweg im römisch-katholischen Sinne. Das 2. Vaticanum hatte ja festgestellt, dass sich allgemeines und besonderes Priestertum „dem Wesen und nicht bloß dem Grade nach" (*lumen gentium Nr. 10)* unterscheiden. Obwohl das Allgemeine Priestertum damit strenggenommen eben doch nur die sogenannten ‚Laien' betrifft, bezeichnet es das Dokument der Kommission zwar als *„gemeinsame(n) Ausgangspunkt"* für das ökumenische Gespräch (Nr. 15), hält damit aber de facto an einer katholischen Auffassung fest und betont den Stiftungscharakter des Amtes:„Es ist deshalb nicht bloße Delegation ‚von unten', sondern Stiftung (institutio) Jesu Christi" (Nr. 20).

Noch weiter geht das Dokument *Einheit vor uns* von 1984. Angestrebt wird die gegenseitige Anerkennung sowie die gemeinsame Ausübung der Ämter. Zu diesem Zweck wird vorgeschlagen, innerhalb der nächsten 30-40 Jahre den evangelischen Anschluss an die apostolische Sukzession durch Mitwirkung katholischer Bischöfe bei allen evangelischen Ordinationen zu erreichen, denn nur sie sind nach katholischer Auffassung berechtigt und befähigt, das gestiftete Amt per Weihe ordnungsgemäß weiterzugeben.

---

[9] Das Folgende nach *Goertz,* Begründung des ordinierten Amtes, 47ff. Ausführliche Darstellungen bei *Führer,* Amt, und *Schneider / Wenz* (Hg.), Amt, Bd. I.

1994 wollte die Ausarbeitung *Kirche und Rechtfertigung* die ekklesiologischen Konsequenzen des Rechtfertigungskonsenses ziehen. Wiederum aber wird die Stiftungstheorie für das Amtsverständnis hervorgehoben.

Die *Gemeinsame Erklärung zur Rechtfertigung* von 1997 schließlich führt die Amtsfrage lediglich unter den „weiterer Klärung" bedürftigen Fragen auf (Nr. 43). Und wesentlich weiter ist die ökumenische Diskussion bislang in der Tat nicht gekommen.[10] Betrachten wir daher den umstrittenen Stiftungsgedanken nochmals genauer:

Der Stiftungsgedanke

Den skizzierten ökumenischen Gesprächen bescheinigt *Goertz* eine „betrübliche Bilanz"[11], weil hier genuin katholische Positionen zur gemeinsamen Basis erklärt worden seien. Aber neben der u.E. betrüblicheren Tatsache, dass hier lediglich die lutherische Version reformatorischer Kirche beteiligt war, ist zu beachten, dass der Stiftungsgedanke, wie ja bereits mehrfach angedeutet, so unevangelisch, wie *Goertz* behauptet, auch wieder nicht ist. Zumindest kann er evangelisch interpretiert werden.

Erstens kennen – wie oben gezeigt – auf der Linie von Matth 10,1-15; 28,16ff; Lk 10,1ff; Joh 20,21ff; 2Kor 5,11ff; Apg 14,23 oder Eph 4,12ff, sowohl Melanchthon, Calvin als auch die CA 5 durchaus eine Art ‚Stiftung' des Amtes, zumindest im funktionalen Sinne eines besonderen Auftrags und einer besonderen Sendung.

Krarup hat jüngst die Entwicklung des Amtes in Wittenberg untersucht.[12] Zu einem Ordinationsformular kam es dort erst 1535. Schon dieser Tatbestand zeigt, dass die Entwicklung von Berufung und Ordination ein höchst vielfarbiger, weniger ekklesiologisch durchdachter, eher pragmatischer[13] Vorgang gewesen sein muss. Krarup vermerkt,

[10] Zu den ökumenischen Reaktionen auf das Ordinationspapier der VELKD vgl. *Ihsen,* Ökumenische Brücken niedergerissen?!, 405ff.

[11] *Goertz,* Begründung, 48.

[12] *Krarup,* Ordination in Wittenberg, 2007.

[13] Auf den weniger dogmatischen als empirisch-pragmatischen Charakter der reformatorischen Amtsentwicklung hat jüngst nachdrücklich auch *Dieter Becker* hingewiesen, Pfarrberufe, 89ff.

dass sich Luthers Betonung des Allgemeinen Priestertums in erster Linie gegen das mittelalterliche Weiheverständnis, keineswegs aber gegen eine göttliche Einsetzung des Amtes gerichtet hat und diese beiden Aspekte kaum gegeneinander ausgespielt werden dürfen. Die Amtseinsetzungen erfolgten daher auch keineswegs direkt durch die Gemeinde. Zwar schlug Luther 1523 in seiner Schrift an die Leisniger die Berufung durch die Gemeinde vor, gleichwohl widersetzte er sich Bugenhagens Einsetzung durch den Wittenberger Rat nicht. 1524 brachte Luther gegen die Amtseinführung Karlstadts sogar die Rechte der Landesherren ins Spiel, die als eine Art Notbischöfe fungierten. Es blieb also zunächst bei der Einsetzung des Amtes. 1535 kam es sogar nach vorangegangenem Examen und Konfirmation zur zentralisierten kurfürstlichen Ordination. Die Handauflegung vollzogen aber gerade nicht die Gemeinden, sondern andere Amtsträger, oft Bugenhagen, immer wieder Melanchthon und gelegentlich sogar Diakone.

Demnach bleibt *zweitens* zu fragen, inwieweit Luther die göttliche Einsetzung des Amtes nur deshalb nicht explizit thematisiert hatte, weil er sich in dieser Frage mit der Schrift und allen Reformatoren durchaus einig wusste. Offensichtlich war dies weder Gegenstand der damaligen Kontroverse, noch stand dies theologisch in Frage. Andernfalls hätte Luther doch gegen Melanchthons und Calvins Amtstheologie Sturm laufen müssen. Das hat er aber nicht getan. Gegenstand seiner Kritik war eben nicht das Amt an sich – war er doch selber spätmittelalterlicher katholischer Priester –, Gegenstand seiner Kritik waren die Entwertung des Priestertums aller Getauften durch den römischen Weiheklerus, der Anspruch einer gleichsam substanzontologischen Wandlung oder Befähigung des Amtsträgers durch den Weiheordo sowie der dadurch behauptete Mittlerstatus des Klerus.

Drittens findet die besondere Stellung des Amtes bei Luther auch darin ihren Ausdruck, dass er den Getauften zwar Taufe und Absolution, nicht aber die Austeilung des Abendmahles zugebilligt hat, wie *Wenz* kürzlich gezeigt hat:

> „Bei Leib lasst euch nicht bereden, daß ein jeglicher Hauswirt müge das Sacrament in seinem Hause geben! [...] Denn es ist Gottes Ordnung und Befehl nicht; sondern er will, daß das Sacrament durch öffentlich Ampt gereicht werde" (WA Br 7,366, 36-45).[14]

[14] Hier zit. nach *Wenz*, Herrenmahl und Amt, 96.

Es ist keinerlei Ausnahme von dieser Regel bekannt. Im Gegenteil, während einer Vakanz hat Luther sogar ausdrücklich den Abendmahlsverzicht empfohlen.

Viertens wird immer wieder übersehen, dass der Berufungsvorgang durch die Gemeinde für Luther seinerseits ein geistlicher Akt ist, der von Christus ausgeht. Das Allgemeine Priestertum und die göttliche Einsetzung sind für ihn keine Gegensätze, sondern komplementäre Dimensionen, wie *Kühn* verdeutlicht: „Er [Luther] beruft sich dafür auf eine der neutestamentlichen Stellen, in denen die Ämter aufgrund von Gott gegebener Charismen zustande kommen, und er denkt bei der Rede von einer ‚Einsetzung Christi' offensichtlich an diesen charismatischen Vorgang".[15] In einer Predigt über 1Kor 12,1ff spricht er sogar von einer „ersten Stiftung Christi" (WA 22,183,22ff).

Aus den vorgetragenen Aspekten ergibt sich, dass die Reformation mit der Ablehnung des Weiheordos keineswegs die göttliche Einsetzung des besonderen Amtes aufgehoben oder negiert hat. Deshalb überrascht es kaum, dass nicht nur lutherische Theologen wie *Gunter Wenz,* der das besondere Amt als Repräsentation der Einheit der Kirche im Sinne ihrer Allgemeinheit und Katholizität interpretiert[16], und *Klaus Raschzok,* der die „Christusvergegenwärtigung" als Spezifikum auch des evangelischen Pfarramtes ansieht[17], sondern ebenso reformierte Theologen wie *Otto Weber* das ordinationsgebundene Amt als besondere Gabe Gottes im Gegebensein des Evangeliums verorten. Zwar ist und bleibt der Kontext des Allgemeinen Priestertums konstitutiv, aber: „Aus der Gemeinde kann nur der *Träger* des Amtes, nicht aber das *Amt* hervorgehen". Und, darin *Calvin* folgend: Die Gemeinde „gibt kein Mandat, aber sie erkennt ein gegebenes Mandat, nämlich das – sehr nüchtern aufzufassende – Charisma an"[18].

Es überrascht daher durchaus, dass dieser gesamte Gedankenkreis im Ordinationspapier der VELKD nachhaltig reduziert wird und damit die reformatorische Spannung zwischen *Stiftungstheorie* (das Amt wird

[15] *Kühn,* Kirche, 31.
[16] „jure divino gesetzt", *Wenz,* aaO, 96.
[17] *Raschzok,* Ordination, 148f.
[18] *Weber,* Dogmatik II, 629 und 644.

von Gott eingesetzt) und *Übertragungstheorie*[19] (das Amt wird aus dem Allgemeinen Priestertum abgeleitet) einseitig aufgelöst wird.

Selbstkritisch vermerkt genau dies auch der rheinische Synodalbeschluss von 2004: „Das grundlegende reformatorische Augsburger Bekenntnis von 1530 (CA) bringt das Predigtamt [...] im Zusammenhang des Dritten Glaubensartikels als Instrument des Heiligen Geistes zur Sprache. Es ist von Gott eingesetzt (CA V: *institutum est*), also göttlichen Ursprungs, und daher von der kirchlichen Einrichtung öffentlicher Amtsübertragungen [...] zu unterscheiden, aber nicht zu trennen. Es kann jedoch die Frage gestellt werden – die auch von römisch-katholischer Seite erhoben wird –, ob im praktischen Vollzug das Gegenüber des von Gott eingesetzten Amtes zur Gemeinde deutlich genug zum Ausdruck kommt."[20].

Der Überbewertung des Stiftungsaspektes im römisch-katholischen Amtsverständnis entspricht also eine Unterbewertung in der gegenwärtigen evangelischen Auffassung. Angemessener wäre es wohl, die gezeigte Dialektik im Sinne einer Zwei-Naturen-Lehre des Evangelischen Pfarramtes weiter zu reflektieren.

Fünftens ist allerdings auch darauf hinzuweisen, dass diese Alternativen jenseits ihres dialektischen Zugleichs immer wieder zu einem müßigen Streit führen. Dies zeigt eine rechtliche Reflexion:

Nach *Dreier* kann man das ‚Amt' interpretieren als „institutionalisierten Komplex von Aufgaben und Befugnissen bzw. Verpflichtungen und Berechtigungen eines (oder mehrerer) Menschen im Dienste anderer"[21]. Daraus folgt, dass jemand durch ‚andere' mit derartigen Aufgaben und Befugnissen betraut wird (Übertragungstheorie). Gleichermaßen aber lässt sich das „Amt selbst rechtstechnisch als künstliches Verpflichtungs- und Berechtigungssubjekt denken".[22] Daraus folgt eine gewisse Eigensubjektivität des Amtes, das es aus dieser Sicht gewissermaßen ‚an sich' gibt (Stiftungstheorie).

Dreier zeigt nun sehr deutlich, dass mit der Behauptung der reinen Stiftung aber noch nichts gewonnen ist, denn „mit der Annahme ei-

---

[19] Vgl. *Peters*, Beitrag zu einer praktischen Theologie des Amtes, 57f.
[20] Ordination, aaO, 7.
[21] *Dreier*, Das Kirchliche Amt, 120.
[22] *Ders.*, aaO, 121.

ner göttlichen Stiftung des kirchlichen Amtes [...] ist noch nicht ein einziges konkretes kirchliches Verfassungsproblem gelöst".[23]

Gleichwohl kann sich die übertragende Organisation (*Kirche*) nicht von den konstitutiven Sendungsworten Jesu Christi (*Stifter*) freimachen, ohne ihre Legitimation aufzugeben. Daher bleibt es dabei: Die Frage der Alternative zwischen Stiftung und Übertragung ist dialektisch zu lösen.[24] Dabei hilft ein Gedanke, den *Dober* jüngst eingebracht hat. Er fasst den funktionalen Auftrag des Pfarramts u.a. in die Kategorie des ‚symbolisierenden Handelns'[25]. Pfarrerinnen und Pfarrer müssen bestehende endliche Verhältnisse in „die Dimension des *Unendlichen*"[26] stellen, gleichsam ihre „Deutekompetenz"[27] einbringen, wie auch *Pohl-Patalong* fordert. So nehmen sie einerseits am Abendmahl teil, wie andere Mitglieder der Gemeinde auch, sind aber „zugleich für die Deutung des Symbols verantwortlich".[28] In ihrer symbolisierenden Kompetenz verbunden mit theologischer Reflexion werden sie ‚Geistliche', indem sie eine andere Perspektive auf die Wirklichkeit eröffnen und diese selbst repräsentieren. Genau dies aber würde ein *funktional* neuinterpretierter Stiftungsaspekt zum Ausdruck bringen.

Berufen wozu? Die Ordination

Was heißt nun auf dem Hintergrund des Gesagten nach Evangelischem Verständnis *Ordination*? Auch diese Frage ist umstritten:[29]

Die *Vereinigte Evangelisch-Lutherische Kirche Deutschlands (VELKD)* hat im Jahre 2006 ihre Ausarbeitung „Ordnungsgemäß berufen" vorgelegt. Dieses Papier legt den Stiftungsgedanken ganz vom Übertragungsgedanken her aus. Zwar wird zugebilligt, dass Luther gelegentlich von der Stiftung Christi bzw. Gottes gesprochen hat[30], diese Re-

---

[23] AaO, 168.
[24] Vgl. *Neijenhuis,* Ordinationsdebatte im deutschen Protestantismus, 119.
[25] *Dober,* Pfarrer sein unter Marktbedingungen, 199.
[26] Ebd.
[27] *Pohl-Patalong,* Vielfältige Kommunikation des Evangeliums, 27f.
[28] *Dober,* aaO, 199.
[29] Grundlegend: Art. Ordination, in: TRE 25, 334ff; *Dietz,* Aspekte, 97ff.
[30] Vgl. WA 6, 440,21f; 441,24; 10/I/2, 123,1f.; 50, 633,3-5; vgl. *Michel,* Heiligung, 11ff.

deweise wird aber als uneigentlich interpretiert: „Sie ist nicht so zu verstehen, als ginge das mit ordnungsgemäßer Berufung übertragene Amt und seine Ordnung in dem Sinne auf eine göttliche Einsetzung zurück, wie dies von den Heilsmitteln Wortverkündigung und Sakramente zu sagen ist. Sondern darin ist gemeint, dass mit der Einsetzung der Heilsmittel selbst [...] die Kirche [!] unter der Notwendigkeit steht, eine Ämterordnung zu schaffen." (3.4)
Das besondere Amt wird also streng aus dem Auftrag begründet. Belegt wird dies aber ausgerechnet mit einem Zitat aus den reformatorischen Bekenntnisschriften, das von der ‚Einsetzung' des Amtes durch Gott und der Bestellung durch die Kirche zugleich spricht: „Denn das Predigtamt hat Gott eingesetzt und geboten, und hat herrliche Zusage Gottes [...]. Denn die Kirche hat Gottes Befehl, dass sie soll Prediger und Diakone bestellen"[31]. Das Papier hält somit die dialektische Spannung zwischen „göttlicher Stiftung" und „kirchlicher Ordnung" nicht wirklich durch.

Für die Synode der *Evangelischen Kirche im Rheinland (EKiR)* grundlegend ist die prinzipielle Trennung zwischen dem einen Dienst der Gemeinde und den institutionalisierten beruflichen Ämtern.[32] Der ordinationsgebundene Dienst ist nicht identisch mit *Pfarr*dienst. Das Spezifische des ordinationsgebundenen Dienstes ist nicht die Hauptamtlichkeit, sondern die Öffentlichkeit, genauer „die öffentliche Wahrnehmung der konstitutiven, kritischen und kommunikativen Aufgabe, die Kirche in all ihren Lebensäußerungen beständig mit ihrem Ursprung in Beziehung zu setzen". (4.2)

Dabei wird CA 14 von CA 5 her im Sinne von Barmen IV interpretiert und der ordinationsgebundene Dienst als aus dem der ganzen Gemeinde anvertrauten Dienst abgeleitet aufgefasst. Zwar wird von einer „Ordnung bzw. Institution" gesprochen, die „im Willen Gottes begründet, von Gott eingesetzt" ist (3.4), dennoch aber wird der ordinationsgebundene Dienst dem Allgemeinen Priestertum explizit subsumiert: „Die Besonderheit des Dienstes, zu dem ordiniert wird, liegt lediglich [!] darin, dass in ihm der allen aufgetragene Dienst am Wort in öffentlicher Verantwortung geschieht". (3.4) Gleichwohl formuliert der Rheinische Entwurf durchaus in dialektischer Spannung zu

[31] Apol. XIII, 9-11/BSKL 293, 35-294,1.
[32] Ordination, Dienst und Ämter nach evangelischem Verständnis, aaO.

dem eben Gesagten zugleich – wie oben bereits gezeigt – den Aspekt des ‚Gegenübers' des Amtes zur Gemeinde.

Das zentrale Merkmal des ordinationsgebundenen Dienstes besteht nach diesem Entwurf in der öffentlichen Ausführung des – unabhängig von der Beruflichkeit des Pfarrdienstes[33] – als Delegation aufgefassten Dienstes am Wort, dessen ‚Gestiftetsein' aber in einer allein an Schrift und Bekenntnis gebundenen Freiheit und Unabhängigkeit des Verkündigungsdienstes von der Gemeinde zum Ausdruck kommt. Bei allem Schwergewicht, das auf der Übertragungstheorie liegt, wird auch hier der Stiftungsgedanke letztlich nicht ganz aufgegeben, sondern bleibt – wie oben graphisch dargestellt – dem Entwurf, wenngleich reduziert, inhärent und wird bei Pfarrerinnen und Pfarrern in der beschriebenen gebundenen Unabhängigkeit sogar dienstrechtlich abgebildet.[34]

Raschzok beklagt aus lutherischer Perspektive eine gegenwärtige Marginalisierung der Ordination. Nach seiner Wahrnehmung definieren und symbolisieren Pfarrerinnen und Pfarrer die wesentlichen Aspekte ihres Rollenverständnisses sowie ihrer Relation zur Kirche zunehmend über andere Berufskennzeichen.

Sie verstehen sich, so Raschzok, als Virtuosen, Moderatoren, Manager, Entertainer, Spirituale, Experten oder auch als exemplarische Gemeindeglieder, als Therapeuten, Motoren, Begleiter, Anbieter, Vermittler, Erklärer oder Kommentatoren.[35] In der Berufstheorie von *Steck* spielt die Ordination keine Rolle.[36] Für *Gräb* ist das besondere Amt in der protestantischen Kategorie des Allgemeinen Priestertums aufgehoben und unterliegt der subjektiven Gestaltungsfreiheit seiner Trägerinnen und Träger.[37] In *Karles* Professionstheorie kommt der Ordination zwar eine konstitutive funktionelle Bedeutung zu, ihre spirituelle oder geistliche Dimension aber wird weniger ausgeleuchtet.[38]

---

[33] Das Ordinationsgesetz der EKiR kennt einen dreifachen Zugang zur Ordination, und zwar für ehrenamtlich und beruflich Mitarbeitende (Prädikantinnen und Prädikanten) und für Theologinnen und Theologen (Pfarrerinnen und Pfarrer, Pastorinnen und Pastoren).

[34] Nach der Rheinischen Kirchenordnung sind Pfarrerinnen und Pfarrer in den Bereichen Verkündigung und Seelsorge selbstständig (Art. 51 KO der EKiR).

[35] *Raschzok,* Ordination als Berufung und Lebensarbeit, 139.

[36] *Steck,* Praktische Theologie, 2000.

[37] *Gräb,* Die kulturelle Bedeutung des religiösen Berufes, 304ff.

[38] *Karle,* Pastorale Kompetenz, 508ff.

Ganz zu recht richtet daher *Stollberg* an Karle die Frage nach dem Mehrwert der Ordination gegenüber einer „Berufseinstandsfeier".[39]

Bezugnehmend auf diese Diskussion bringt Raschzok einen interessanten historischen Gesichtspunkt ein: Im Wittenberger Ordinationsformular von 1535 wurde die Ordination „bewusst als Bischofsweihe konzipiert", in der die Darreichung der Opfergeräte ersetzt wurde durch die Handauflegung mit Gebet. Auch die Schriftlesungen wurden dem Ritus der Bischofsweihe entnommen. Seine Schlussfolgerung: „Der Pfarrer nimmt nach reformatorischem Verständnis das grundlegende, von Christus eingesetzte apostolische Amt der Kirche wahr, das göttlichen und nicht menschlichen Rechts ist".[40]

Das 2. Vaticanum billigt den katholischen Priestern diese hohe Würde nicht zu und definiert sie „nur als Vertreter des Bischofs als des eigentlichen Amtsträgers"[41]. Das reformatorische Predigtamt steht somit ebenfalls in apostolischer Kontinuität. Das eigentliche Spezifikum der evangelischen Ordination bestünde dann in erster Linie gar nicht in der generellen Abgrenzung von der katholischen Priesterweihe – hier kommt es lediglich zu einer deutlichen evangelischen Neuinterpretation[42] –, das Spezifikum evangelisch aufgefasster Ordination bestünde vielmehr innerreformatorisch in ihrer Differenz zum in der Taufe verliehenen Allgemeinen Priestertum. Raschzok resümiert: „Das ordinationsgebundene Amt stellt ein von Gott gewolltes Amt (CA 5: *institutum est!*) dar [...]. Die Gemeinde schafft nicht das Amt, sondern sie beruft in das von Gott eingesetzte Amt. Amtsträgerinnen und Amtsträger sind nicht Funktionäre und Mandatare der Gemeinde, sondern Mandatare Gottes".[43]

Michel bezeichnet in diesem Zusammenhang die Ordination als „elliptisches Geschehen mit zwei Schwerpunkten [...]: das Predigtamt hat Gott eingesetzt, die Kirche hat den Befehl, die Geistlichen zu ‚bestellen'".[44] Genau daraus resultiert nach Raschzok die geistliche Identität des Pfarrdienstes: „Ordination

---

[39] *Stollberg,* Ja und Nein, in: Über den Pfarrberuf, 526.
[40] *Raschzok,* aaO, 145. Vgl. *Wendebourg,* Das Amt und die Ämter, 5ff.
[41] *Raschzok,* aaO.
[42] Vgl. hierzu *Krarup,* Ordination in Wittenberg, 21ff.
[43] *Raschzok,* aaO, 148. Belege für Luther bei *Krarup,* aaO, 27ff.
[44] *Michel,* Heiligung, 15.

beschreibt eine Integrationsleistung aus theologischer Qualifikation, Berufung und lebenslanger Verpflichtung bzw. Inanspruchnahme durch Christus".

Interessant ist nun, welchem Zweck das ordinationsgebundene Amt dienen soll: Es „dient der Entdeckung und Pflege der charismatischen Gaben der Gemeinde". Ihm ist „eine besondere Verantwortung für das allgemeine Priestertum aufgetragen im Sinne einer Verantwortung für das Miteinander".[45] Ganz ähnlich schreibt *Eberhard Jüngel:* „Alles, was von dem geordneten Amt und von der Ordination behauptet wird, wird dann zu Recht behauptet, wenn es dem allgemeinen Priestertum der Glaubenden dient und dieses stärkt".[46]

Entscheidend bleibt somit die lebendige dialektische Wechselbeziehung zwischen besonderem Amt und Allgemeinen Priestertum. Zu lutherisch? Erstaunlicherweise ist es der EKU-Ordinationsvorhalt von 1997, ein Element, das in lutherischen Formularen fehlt, dem Raschzok bescheinigt, genau diese Lehre vom Amt in nuce zu enthalten!

Das Amt als Dienstbefähigung des Allgemeinen Priestertums – das Eph4-Modell

Dienst an der Gemeinde
Zunächst müssen wir den Dienst *der* Gemeinde und den Dienst *an der* Gemeinde unterscheiden. Der Dienst *der* Gemeinde, sofern er die persönliche Berufung des Einzelnen in die Nachfolge und zur persönlichen christlichen Lebenspraxis betrifft, ist nicht delegierbar. Diesen Dienst muss jede und jeder selber tun, oder es geschieht nicht. Eine Pfarrerin oder ein Pfarrer lebt die Nachfolge Jesu nicht stellvertretend für die Gemeinde, Nachfolge muss jedes Glied der Gemeinde selber leben.

Der Dienst der Gemeinde, sofern er in Zeugnis und Diakonie den binnenkirchlichen Bereich überschreitet und zum Dienst an der Welt wird, ist ebenfalls nicht delegierbar. Zwar kann die Gemeinde spezielle Aufgaben an professionelle Fachanbieter, etwa einer diakoni-

---

[45] *Raschzok,* aaO, 148f.
[46] *Jüngel,* Gott will mündige Christen, 57.

schen Einrichtung vergeben, entbunden von ihrem eigenen Auftrag ist sie dadurch aber grundsätzlich nicht. Auch in diesem Bereich bleibt jede Christin und jeder Christ aufgerufen, vom Glauben zu sprechen, Christus zur Sprache zu bringen, füreinander zu beten, Liebe zu üben, zu vergeben, zu trösten, Bedürftige zu unterstützen, sich für die Gesellschaft zu engagieren und, wenn es sein muss, ‚dem Rad in die Speichen zu fallen' (*Bonhoeffer*).

Sofern ‚Dienst' die Realisierung des persönlichen Christseins in der Welt meint, ist er gerade nicht delegierbar. Kein noch so professionelles ‚Amt' übt die individuelle Berufung zum christlichen Leben stellvertretend aus. Delegierbar ist der ‚Dienst' nur, sofern spezifische Aufgaben zu erfüllen sind, die nicht alle gleichzeitig ausüben können oder die die individuellen Möglichkeiten überschreiten. Aber in diesem Falle ist die Delegation ihrerseits selber Dienst.

In diesem Sinne ordnet die Gemeinde ihre Dienste, wenn sie die *öffentliche* Verkündigung des Evangeliums und die Verwaltung der Sakramente in die Hände von dazu berufenen Personen legt. *Privat*, „in den Häusern" (Apg 2,46) die Schrift auslegen, beten und Brot brechen, das *könnte* jedes Glied der Gemeinde. Zur *öffentlichen*, institutionalisierten Verkündigung bedient sie sich des besonderen Amtes, in das sie einzelne Personen beruft. Diese Berufung geschieht durch die Ordination. Dieser ordinationsgebundene Dienst, wenngleich von der Gemeinde (Leib Christi) übertragen, entspringt dennoch aus einer anderen Quelle, nämlich aus Christus selbst (Haupt des Leibes).

Zwar ist in 1Kor 12 vom Haupt gar nicht die Rede, dies geschieht erst in Eph 4,15, gleichwohl aber sieht Paulus den Geist Gottes als das eigentliche Subjekt der charismatischen Funktionen der einzelnen Glieder des Leibes an (V.1.6.7.) und sich selbst – wie oben dargestellt – in seinem apostolischen ‚Amt' als Repräsentant des sich vergegenwärtigenden Christus (Gal 2,20), der durch ihn, seine Worte (1Thess 2,4; 2Kor 5,20) und Taten (1Thess 1,5; Röm 15,18f; 2Kor 12,12) an und in der Gemeinde handelt (1Kor 2,4).

Christus ‚nährt' gewissermaßen seine Gemeinde durch seinen Geist, sein Wort und seine Sakramente, indem Er sich ihr selbst in diesen gibt, sich vergegenwärtigt, sich ‚repräsentiert'. Die Gemeinde bedarf zur Ausübung ihres Dienstes des Dienstes Christi an sich selbst. Sie gibt etwas weiter, das ‚extra nos', d.h. ‚von außen', also von Gott her auf sie zukommt. Das Evangelium kommt gleichsam ‚von oben' über die Linie Gott > Christus > Geist > Apostolischer Verkündigungsdienst =‚Amt' > zur Gemeinde.[47]

Stehen Amts*trägerinnen* und Amts*träger* als Menschen, als Schwestern und Brüder, als begnadete Sünder selbstverständlich *innerhalb* ihrer Gemeinde, so steht doch ihr durch die Ordination konstituiertes *Amt* der Gemeinde *gegenüber* und repräsentiert dadurch die unaufgebbare theologische Wahrheit, dass sich niemand das Evangelium selber verkündigen kann. Dies ist der geistliche Grund dafür, dass Melanchthon, Calvin und die Confessio Augustana an einer Begründung des besonderen Amtes außerhalb des Allgemeinen Priestertums festgehalten haben. Melanchthon, indem er das Amt als Funktion des Wortes Gottes selbst auffasste, Calvin, indem er den Amtsträger als direkt von Gott berufen ansah, und CA V, indem sie das Amt als von Gott „eingesetzt" qualifiziert. Hinzu kommt, dass Luther die göttliche Stiftung nie in Frage gestellt hat. Der Dienst *der* Gemeinde an der Welt in missionarischer und diakonischer Hinsicht wäre dann vom Dienst des Amtes *an* der Gemeinde nochmals zu unterscheiden. In Anlehnung an und Weiterführung von Barmen IV müssten wir sagen: Das geistliche Amt begründet nicht nur gemeinsam mit den andern Ämtern „die Ausübung des der ganzen Gemeinde anvertrauten und befohlenen Dienstes" im Sinne der stellvertretenden Delegation, sondern dieses eine geistliche Amt dient seinerseits der Gemeinde, sofern sich der Auferstandene seiner Gemeinde durch Wort und Sakrament in besonderer Weise ‚gibt' und nicht einfach immer schon mit ihr identisch ist. Genau darin besteht der theologische Sinn des heftig umstrittenen Stiftungsgedankens.

Die Dienstbefähigung der Gemeinde – das Eph4-Modell

Das dialektische Zugleich des Amtes als Ausdruck gemeindlichen Dienstes (Amtsträger als begnadigte Sünderinnen und Sünder) und als eigenständiges Gegenüber der Gemeinde (Christus als sich in Wort und Sakrament selbst gebend) unterliegt der Gefahr des Missverständnisses und des Missbrauchs:

Die Gemeinde könnte den ordinationsgebundenen Dienst als Entpflichtung von ihrem eigenen Dienst missverstehen. Der Amtsträger

[47] *Müller*, „Pfarramt aller Gläubigen?", 125ff; vgl. *Marquard*, Einheit, 99-404.

oder die Amtsträgerin nimmt die damit verbundene Rollenzuschreibung unbewusst an. Das führt zu einem pastoralen Selbstverständnis als Versorger oder Versorgerin einer passiv empfangenden Gemeinde. In diesem Falle bedienen Pfarrerinnen oder Pfarrer die Gemeinde, was durch Hauptamtlichkeit und Bezahlung noch verstärkt wird. Die Gemeinde delegiert dann nicht allein einen besonderen Auftrag aus dem allgemeinen Priestertum heraus, sondern ihr ganzes eigenes Priestertum. Denn die Pfarrerin oder der Pfarrer üben nicht allein einen priesterlichen Dienst für die Gemeinde aus, sondern obendrein, als Beauftragte (*Ordinierte*) der Gemeinde, auch noch stellvertretend deren eigenen priesterlichen Dienst. Dies führt zu einer pfarrerzentrierten Betreuungskirche.

In der Praktischen Theologie, zumal in der Gemeindeaufbauforschung ist nachdrücklich auf dieses Phänomen hingewiesen worden. So entfaltet *Petry* eine Amtstheologie vom Allgemeinen Priestertum her, aber in einer der traditionellen protestantisch-kirchlichen Tradition entgegengesetzten Richtung. In der misslungenen Differenzierung zwischen Amt und Dienst sieht er die Ursache für die Entstehung einer pastoralen Betreuungskirche, die das allgemeine Priestertum zwar bekennt, aber hinsichtlich des damit verbundenen Dienstes aus dem Blick verloren hat. Die Berufung aller Gemeindemitglieder zu Zeugnis und Dienst ist daher wiederzuentdecken. Zwar empfängt die Gemeinde durch das kirchliche Amt etwas, aber sie empfängt es nicht als Entbindung *von*, sondern als Befähigung *zu* ihrem eigenen Dienst. Die Gemeinde überträgt keineswegs den ihr selbst anvertrauten Dienst in professionelle Hände, sondern sie lässt sich durch einen besonderen Dienst ihrerseits zum Dienst zurüsten. Das Amt dient, aber es bedient nicht. Im Bild gesprochen: Die Gemeinde beauftragt keine *Stürmer*, sie beauftragt *Trainer*. Das führt zu einer Beteiligungskirche. Das Amt ist eben gerade kein Betreuungsdienst. Das Amt ist ein *Dienstbefähigungsdienst*, ein geistlich und gabenorientierter Leitungsdienst, der das Allgemeine Priestertum aktiviert, fördert und entfaltet, indem er sowohl zur christlichen Lebenspraxis als auch zum Ehrenamt motiviert. Pfarrerinnen und Pfarrer werden nach 2Kor 1,24 zu ‚Helferinnen und Helfern zur Freude', „die entsteht, wenn die eigene Berufung gefunden, im Zusammenspiel der verschiedenen Berufungen gelebt und im Horizont der Bezeugung des Evangeliums erfahren wird"[48].

---

[48] *Petry*, aaO, 277f.

Das Pfarr*amt* übt somit einen gemeindeentwickelnden *Dienst* aus, der das Allgemeine Priestertum entfaltet im Sinne eines durch den Geist Gottes gesteuerten Gemeindeaufbaus nach 1Kor 12 und Eph 4,11-16:

In seinem berühmten Bild 1Kor 12,12-31 beschreibt Paulus die christliche Gemeinde als Leib mit vielen Gliedern. Auffällig ist zunächst, dass Paulus hier die Gemeinde synonym zu Christus setzt:

> „Denn wie der Leib einer ist [...] so auch Christus.
> Denn wir sind durch einen Geist alle zu einem Leib getauft" (1Kor 12,12).

Die Gemeinde ist also gewissermaßen, wie *Bonhoeffer* pointiert formuliert hat, als der ‚als Gemeinde existierende Christus' aufzufassen, womit eine weitgehende Identifikation der Gemeinde mit dem Auferstandenen ausgesagt wäre. Anderseits stellt Paulus Christus der Gemeinde als ihren ‚Herrn' gegenüber:

> „Und es sind verschiedene Ämter; aber es ist ein Herr" (1Kor 12,5).

Bleiben wir in diesem Bild, müssten wir so formulieren: Christus handelt gegenwärtig durch seinen Leib, die Gemeinde, indem er *alle* Glieder seines Leibes, eben alle Gemeindeglieder, einsetzt. Niemand kann sich von seiner Funktion innerhalb des Leibes entbinden, noch kann jemand ignoriert werden, ohne dass der ganze Leib dadurch in Mitleidenschaft gezogen würde:

> „Das Auge kann nicht sagen zu der Hand: Ich brauche dich nicht..." (1Kor 12,21).

An dieser Stelle ist auf einen Einspruch hinzuweisen, der sich im Entwurf der EKHN findet. Er besagt, dass sich der Befähigungsdienst nicht allein auf die Gewinnung zur ehrenamtlichen Mitarbeit in der Kerngemeinde beschränken darf, sondern ebenso auf die Förderung der christlichen Lebenspraxis aller Gemeindeglieder. Die Förderung christlich geprägten Lebensstils in der Welt ist ebenso Dienstbefähigung wie die Schulung zum Ehrenamt.[49] Der Einspruch ist aus volkskirchlicher Sicht berechtigt, denn andernfalls bezöge sich der Pfarr-

---

[49] Perspektiven, aaO, 13.

dienst doch wieder nur auf die Kerngemeinde, die dann so etwas wäre wie eine freie Gemeinde der Bekennenden in der Volkskirche. Mit diesem Modell der Unterscheidung von ‚ekklesia' und ‚Kirche' haben sich schon die Promotoren des missionarischen Gemeindeaufbaus der 80er Jahre nicht viele Freunde gemacht.[50] Und zweifelsohne, zum Sauerteigprinzip der Mission Jesu gehörte einerseits der Ruf von Menschen in die direkte Nachfolge und anderseits das Belassen von Menschen in ihrem jeweiligen sozialen Kontext. So geht es im Befähigungsdienst um beides: um das Werben zur Mitarbeit im Kindergottesdienst und um die Ermutigung zu christlich geprägtem Verhalten in Familie, am Arbeitsplatz und in der Gesellschaft. Allein, um diese zweite Dienstfähigkeit christlicher Lebenspraxis zu fördern, müssen Menschen irgendwie erreicht werden vom pfarramtlichen Dienst. Wir warnen hier also vorsorglich vor falschen Alternativen, die möglicherweise noch aus den Vereinnahmungstendenzen eines inzwischen überholten Missionsbegriffes stammen.

Zurück zu Paulus. Einer seiner Schüler trägt nun das besondere Amt, besser: die besonderen Ämter[51] in Paulus' Bild vom Leib ein und zwar in Eph 4,11-16:

„Und er hat einige als Apostel eingesetzt, einige als Propheten, einige als Evangelisten, einige als Hirten und Lehrer, damit die Heiligen zugerüstet werden zum Werk des Dienstes. Dadurch soll der Leib Christi erbaut werden...".

In Weiterführung von 1Kor 12,7ff, wo alle Dienste und Gaben innerhalb der Gemeinde als Wirkungen des Geistes aufgefasst werden, gelten diese besonderen Dienste ebenfalls als „gegeben" (gr. *edoken*), in diesem Falle als *„Gaben des erhöhten Christus"*[52] (vgl. Eph 4,10).

Betont wird hier also zunächst die Linie des Gegenübers zur Gemeinde. Diese Ämter kommen nicht als Ableitung *aus* der Gemeinde,

---

[50] Vgl. etwa *Schwarz,* Theologie des Gemeindeaufbaus, 27ff.

[51] Insofern muss die gesamte Diskussion um das Pfarrbild eingebettet werden in eine Diskussion um ein evangelisches Verständnis aller kirchlichen Ämter, wie *Scherle* jüngst zu Recht gefordert hat, *Scherle,* Kirchliche Berufe, 6ff.

[52] *Roloff,* Kirche, aaO, 247, kursiv im Original. Roloff scheut sich nicht, sogar von *„Stiftungen Christi"* zu sprechen.

sie kommen von Gott her *zur* Gemeinde. Eph 4,15 stellt heraus, dass der Gemeindeleib ein „Haupt" (gr. *kephale*) hat, und das ist Christus. Offenbar werden diese besonderen Ämter als „Überträger der Kräfte des ‚Hauptes' auf den Leib"[53] aufgefasst, wie *Gerhard Sellin* es ausgedrückt hat. In jedem Fall führt der Epheserbrief die paulinische Unterscheidung zwischen Christus als Leib und Christus als Herr des Leibes in eine neue Metaphorik, indem er ihn als Haupt seines eigenen Leibes beschreibt. Damit wäre die Dialektik zwischen Identität und Differenz in das paulinische Bild integriert. Es ist genau diese Dialektik, die sich, wie oben gezeigt, in der gegenwärtigen Diskussion um das Pfarrbild widerspiegelt.

Welche Funktionen sich hinter den aufgeführten Ämtern historisch im Einzelnen verborgen haben mögen, sei in diesem Zusammenhang dahingestellt[54], von vornehmlichem Interesse erscheint uns die gemeindeentwickelnde Funktion, die sie nach diesem Text ausüben sollen:

> „...damit die Heiligen zugerüstet werden zum Werk des Dienstes" (V.12).

Wie ein Vergleich mit Hebr 13,20f zeigt, heißt das griechische Wort *katarismos* hier „Zurüstung" im Sinne von „Schulung"[55], so dass der Lutherübersetzung zu folgen ist. Wie Eph 1,1.15; 5,3 und 6,18 belegen, sind unter den „Heiligen" *alle* Christen zu verstehen.[56] Sie sollen zum „Werk des Dienstes" ausgebildet bzw. befähigt werden. Darunter ist von Röm 11,13 und 15,31 her „eine anvertraute Aufgabe zum Nutzen anderer gemeint"[57] (Missionsdienst, Kollektendienst u.ä.). Das heißt, die besonderen Amtspersonen haben einen Schulungsauftrag an der Gemeinde und sollen die Gemeindeglieder zu deren eigenem Dienst befähigen, und zwar „jeden" (4,7).[58] Zu beachten ist: Den Gemeindeaufbau (gr. *oikodome*) im engeren Sinne betreiben sie nicht, jedenfalls nicht durchgängig. Sie regen ihn aber an und ermöglichen ihn durch die Initiierung eines Multiplikationseffektes. Aufbauen tut

---

[53] *Sellin,* Der Brief an die Epheser, 339.
[54] Vgl. hierzu *Sellin,* aaO, 338-341; *Roloff,* aaO, 247f.
[55] Vgl. auch Clem. Alex. Strom. IV 26,163,2; Plutarch, Cato Minor 65,12.
[56] Vgl. 1Kor 16,15 u.ö.
[57] *Sellin,* aaO, 342.
[58] Vgl. hierzu *Böttrich,* Gemeinde und Gemeindeleitung, 139f.150.

sich die durch sie befähigte Gemeinde selbst, und zwar durch das komplementäre und konstruktive Zusammenspiel sich gegenseitig dienender Christinnen und Christen. Dies setzt natürlich voraus, dass sowohl Ehrenamtliche als auch Mitarbeitende mit anderen Berufen als konstitutiver „Schatz der Kirche" erkannt und betrachtet werden.[59] Indem Gaben entdeckt, geschult und eingebunden werden, entwickelt, wächst und erbaut sich der Leib gleichsam von allein:

„Dadurch soll der Leib Christi erbaut werden" (V.12).

Wodurch geschieht dies? Es geschieht dadurch, dass

„jedes Glied das andere unterstützt nach dem Maß seiner Kraft und macht, dass der Leib wächst und sich selbst [!] aufbaut in der Liebe" (V.16).

Die Stiftung, besser die Gabe besonderer Ämter generiert also gerade kein *hierarchisches*, sondern ein *kollegiales,* besser *geschwisterliches* Gemeindeprinzip, wie *Böttrich* zu Recht herausstellt.[60] Wir finden in diesen Überlegungen des Epheserbriefes nicht weniger als eine funktionale Theorie besonderer kirchlicher Ämter:

Die besonderen Ämter sind von Gott gegeben um des Allgemeinen Priestertums willen. Weder führen sie das Allgemeine Priestertum stellvertretend aus, noch bedienen sie dieses im Sinne einer passiven Mitgliederschar, wodurch es faktisch abgeschafft wäre.[61] Die Ämter und somit auch das Pfarramt befähigen vielmehr das Allgemeine Priestertum zu dessen eigenem Dienst, sowohl hinsichtlich der ehrenamtlichen Beteiligung im Leib Christi als auch hinsichtlich der persönlichen christlichen Lebenspraxis.

---

[59] Vgl. *Frühwald,* Mentalitätswandel, 10.

[60] *Böttrich,* aaO, 140.

[61] Obwohl die Reformatoren Eph 4,11-16 immer wieder zur Legitimation kirchlicher Ämter heranziehen, gerät deren dort beschriebene Funktion in Bezug auf das Allgemeine Priestertum kaum in ihr Blickfeld. Im Gegenteil, Luther begründet unter Berufung auf diese Stelle geradezu den Delegationsgedanken: „Denn der ganze Haufen kann solches nicht tun, sondern müssen einem befehlen oder lassen befohlen sein. Was sollte sonst werden, wenn ein jeglicher reden oder reichen wollte und keiner dem anderen weichen" (WA 50,633,2), vgl. *Kühn,* Kirche, 30f. Hier wird deutlich, dass Luther das Amt viel stärker vom mittelalterlichen Bild des Amtspriesters („reden oder reichen") her als von biblischen Kategorien her betrachtet hat. Vgl. *Goertz,* Begründung, 44.

Für den Pfarrberuf gilt es – wie für alle anderen kirchlichen Berufe auch, deren kybernetisches Zusammenspiel mit dem Pfarramt dringend neu bedacht und konzipiert werden muss –, diese biblische Dimension wiederzuentdecken: beten, planen, aufspüren, aktivieren, trainieren oder – immer in kollegialer Gemeinschaft mit der Gemeindeleitung – dafür zu sorgen, dass all dies geschieht. Genau diese Funktionen unbeschadet der übrigen vielfältigen Aufgaben des Pfarrberufes auszuüben, heißt ‚geistlich leiten'. Leiten im biblischen Sinne heißt eben immer auch *an*leiten.

Ein Konsens im Pfarrbild über diesen zentralen Aspekt einer katalysatorischen Funktion des Pfarrdienstes würde überdies helfen, weitere grundlegende Probleme des Pfarrberufes zu lösen:

Zunächst die im Generalistenmodell angelegte *Überforderung*: Pfarrerinnen und Pfarrer besitzen die in den skizzierten Leitbildentwürfen zusammengetragenen und unbestritten wünschenswerten Qualifikationen in der Realität immer nur partiell und niemals vollständig. Alle diese Fähigkeiten in der eigenen Person vereinigen zu müssen, führt mittelfristig dazu, wegen illusionärer Charismenkumulation zusammenzubrechen. Dies kann nicht Sinn eines verantwortlichen geistlichen Dienstes sein. Kontraproduktiv für den Gemeindeaufbau ist nicht die Tatsache, dass niemand alles kann, sondern die Verdrängung dieser Tatsache. Pfarrerinnen und Pfarrer müssen gabenorientiert arbeiten, auch im Blick auf ihren eigenen Dienst.

Dem durch Überforderung begünstigten *Burn-Out-Effekt* würde vorgebeugt. Die Logik ist so schlicht wie treffend. Wer zu viel arbeitet, der schädigt sich. Wer ständig tut, was er eigentlich nicht kann, frustriert sich, denn sie oder er wird sich ständig als inkompetent und wenig erfolgreich erleben. Wer aber auch noch ständig zu viel von dem tut, was er nicht kann, nur weil es von ihm erwartet wird, der überfordert sich auf Dauer selbst. In die Nachfolge Jesu zu treten heißt nicht, das Martyrium durch gezielten Raubbau an sich selbst zu provozieren. Wer weniger tut, dafür aber das, was er kann und Aufgaben, die er nicht kann, an Menschen delegiert, die es können, erreicht mehr, und dies bei gleichzeitiger Konzentration und gegebenenfalls sogar quantitativer Reduktion der eigenen Arbeit auf die pastoralen Kernkompetenzen.

Da ein als *Befähigungsdienst* katalysatorisch ausgeübtes und die Gaben vieler einbindendes Amt stark aktivierend wirkt, wird auch der äußere Ertrag dieses Dienst schneller und deutlicher sichtbar. Erfolg aber ist ja bekanntlich nicht nur das Brot des Künstlers oder der Künstlerin, sondern aller Menschen, die etwas bewegen oder erreichen wollen. Erfolg motiviert, Erfolg animiert, Erfolg mobilisiert, Erfolg befriedigt und – für die Kirche als Gesamtorganisation kaum zu überschätzen – Erfolg bewahrt vor innerer Kündigung, weil er die intrinsische Motivation fördert und dadurch erhält.

Exkurs: Der Dienst des Amtes nach außen – die Funktion der öffentlichen Repräsentanz – ein Vorschlag von Eberhard Mechels

Einen interessanten Vorschlag zur terminologischen Differenzierung zwischen Amt und Dienst hat *Mechels* unterbreitet.[62] Pfarrerinnen und Pfarrer seien nach ‚innen', als theologisch Mitarbeitende der Gemeinde im *Dienst*, gleichsam ‚Teilnehmer am geistlichen Stoffwechsel der Gemeinde' und „Gehilfen der Freude" (2Kor 1,24). Nach ‚außen' aber seien sie im öffentlichen *Amt*, als Repräsentation der für die Gesellschaft zunehmend fremden Wirklichkeit des Evangeliums, gleichsam „Narren um Christi willen" (1Kor 4,9f). Hier repräsentiert das Amt eine außergemeindliche, oder besser eine gesellschaftsbezogene Funktion der Gemeinde.

Also: Nach innen kann das Amt aufgefasst werden als Gabe Gottes, als *Dienst* des Hauptes des Leibes Christi an seinem Leib (Verkündigung, Sakramente, Seelsorge, Zurüstung), nach außen dagegen als Repräsentation des gesamten Leibes Christi in der Welt. In der gesellschaftlichen Öffentlichkeit steht die Pfarrerin oder der Pfarrer immer irgendwie für die gesamte Kirche. Zugespitzt formuliert: Der Gemeinde gegenüber repräsentiert das Amt den Christus, sofern zwischen Haupt und Leib zu unterscheiden ist, der Welt gegenüber repräsentiert das Amt die Kirche, sofern Haupt und Leib zu identifizieren sind.

---

62 *Mechels*, Veränderungen, 259-267.

Das Amt aus Evangelischer Sicht – Zwischenfazit

Die bisherigen Ausführungen haben eine dialektische Verschränkung unterschiedlicher geistlicher und funktionaler Dimensionen des Pfarrberufes dargestellt:

Das besondere Amt kann sowohl als Ableitung aus dem Allgemeinen Priestertum als auch als Stiftung Christi aufgefasst werden. Es handelt daher im Auftrag der Gemeinde (Berufung als Delegation) sowohl nach innen an der Gemeinde als auch nach außen anstelle der Gemeinde. Das Amt steht als Teil der Gemeinde zugleich der Gemeinde gegenüber. Wird die Gemeinde im Sinne Bonhoeffers als soziale Existenzform des gegenwärtigen Christus gedacht (Leib Christi), repräsentiert das Amt per Delegation den als Gemeinde existierenden Christus vor der Welt. Wird Christus als Herr und Haupt des Leibes der Gemeinde gegenüber gedacht, repräsentiert das Amt als Stiftung den Christus für die Gemeinde und das ‚extra nos', das von ‚Außen-auf-uns-Zukommen des Evangeliums', das nicht aus der Gemeinde abgeleitet, sondern das ihr in Wort und Sakrament zugesprochen und im Geist zuteil wird und diese darin allererst begründet.
Die funktionale Frage wird in der Theologiegeschichte erst spät gestellt. Was soll der Dienst des Amtes eigentlich bewirken? Soll er die Gemeinde ‚bedienen' oder sie aktivieren? Von Eph 4,12ff her müssten die dem ‚sola scriptura', dem ‚allein die Schrift', verpflichteten Kirchen der Reformation eigentlich eine deutliche Position vertreten: Das Amt bezieht vom Allgemeinen Priestertum neben der Stiftung durch Gott nicht nur eine wesentliche Legitimation, sondern findet in diesem auch seine zentrale Aufgabe. Das besondere Amt existiert um seiner katalysatorischen Funktion willen für das Allgemeine Priestertum!

Das evangelische Pfarramt ist somit als überkomplexes polyvalentes Gebilde mit 2-Naturen-Charakter anzusehen. Der Konflikt um sein rechtes Verständnis gründet meist darin, dass aus einzelnen Perspektiven einzelne Facetten und Aspekte hervorgehoben und nicht immer ins Verhältnis zu den vernachlässigten Aspekten gesetzt werden. Gerungen wird um die unterschiedliche Gewichtung einzelner, aber zusammengehöriger Dimensionen des einen Amtes.

4. Erwartungen der Kirchenmitglieder an das Pfarramt

Dieter Becker hat jüngst angemahnt, die theologische Pfarrbilddebatte durch die Einbeziehung von empirischen Daten zu erden und vor theologischem Doketismus, also einer für die kirchliche Praxis irrelevanten Theoriediskussion zu bewahren.[1] Im Folgenden zeigen wir daher an zwei Beispielen, wie sich die ganze Thematik aus der Sicht der Kirchenmitglieder darstellt.

Pfarrerinnen und Pfarrer als Vorbilder – eine Umfrage

1998 wurde in der Evangelischen Kirche im Rheinland unter Leitung von *Karl-Wilhelm Dahm* eine Erhebung über Pfarrbild, Pfarrberuf und Pfarrhaus durchgeführt.[2] Aus den Ergebnissen sticht ein Bereich besonders hervor: die Frage nach einer berufsspezifischen *Lebensführung*:

„Die ehrenamtlichen Schlüsselpersonen wie KirchmeisterInnen, Presbyterinnen sowie die Gemeindeglieder selbst betonen in unverkennbaren Mehrheiten den besonderen, den herausgehobenen, ja einen exemplarischen und vorbildlichen Charakter dieser Lebensführung: Der Pfarrer und die Pfarrerin sollen glaubwürdig sein, ihr Handeln soll mit ihrer Predigt übereinstimmen, sie sollen für die christlichen Wertmaßstäbe einstehen und sich daran auch in ihrem eigenen Lebenswandel halten." (S. 21)

Offensichtlich fungieren Pfarrerinnen und Pfarrer in den Augen vieler Ehrenamtlicher als eine Art Stellvertretungschristen. Wohl wissend, dass man selber immer wieder hinter dem ethischen Anspruch der Zehn Gebote und des Nächstenliebegebotes zurückbleibt, wie es die Bergpredigt (Matth 5-7) durch ihre ethische Zuspitzung der Thora

---

[1] *Becker,* Pfarrberufe zwischen Praxis und Theorie, 13ff.

[2] *Dahm,* Pfarrberuf zwischen Selbstbild und Gemeindeerwartung, 19ff. Vgl. *Hermelink,* Pastorales Wirken, 392ff.

eindrücklich vor Augen führt, wird die Erwartung, besser die Illusion eines heilen und vorbildlichen Lebens auf die Pfarrpersonen projiziert:

„Wenigstens Pfarrer und Pfarrerin sollten die tiefe Wahrheit dieser Wertmaßstäbe zur Geltung bringen und ansatzweise verkörpern. Sie sollten durch ihren Lebenswandel bestätigen, daß es sich dabei nicht um abgestandene Bürgerlichkeit oder unrealistische Wolkenkuckucksheim-Phantasien handelt". (S. 21)

Gemeindeglieder verstehen damit interessanterweise Pfarrerinnen und Pfarrer ebenfalls als Repräsentation, diesmal aber nicht als Repräsentation des Zuspruchs, also dessen, was Gott in Christus *für* uns tut, sondern des Anspruchs, also dessen, was Gott durch seine ethische Forderung *von* uns erwartet. Diese Projektion ist von erheblicher missionarischer und seelsorglicher Bedeutung:

„Gerade weil die Gemeindeglieder selbst sie [die Wertmaßstäbe] nicht mehr genügend beachten oder zu erfüllen vermögen, will man sich doch vergewissern, daß sie eigentlich gelten müßten [...]. Das aber ist es, was man von Pfarrer und Pfarrerin hauptsächlich erwartet. Sie sollen die gute, die heile Welt symbolisch repräsentieren." (S. 20f)

Pfarrerinnen und Pfarrer lehnen diese Rollenzuschreibung in der Regel ab. Sie wissen – gerade aus theologischer Perspektive – um die Gebrochenheit und Fragmenthaftigkeit menschlicher Existenz (*Sünde*), um die Rechtfertigung allein aus Gnade (*Vergebung*) und um das ‚simul', das Zugleich von Gerechtfertigt- und Sündersein im Ringen um eine christliche Lebenspraxis (*Heiligung*). Sie

„wehren sich in ihrer Mehrheit gegen Erwartungen, die sie in die Nähe von Übermenschen oder von Heiligen stellen; sie wollen keine Sonderrolle spielen, schon gar nicht in dem abgestanden-moralischen Sinn, den sie hinter manchen Vorbild-Wünschen vermuten." (S. 22)

Für Dahm ist es dieser Unterschied in der Berufsauffassung, der sich wie ein roter Faden durch die gesamte Befragung zieht und der in vielen Konflikten zwischen Pfarrpersonen und Gemeinden immer wieder aufblitzt. Würde man diese Gemeindeerwartungen in ein Pfarrbild übersetzen, dann wäre das Pfarramt als professionelle Repräsentation des „neuen Menschen" nach Eph 4,22-24 oder der „neuen Kreatur“ nach 2Kor 5,17 aufzufassen, in dem das EKKW-Modell von der Repräsentation der Verheißung des ewigen Heiles in Christus zur Realrepräsentation des geheiligten Menschen weitergetrieben würde. Die ethischen Ansprüche an die Amtsinhaber und Amtsinhaberinnen stiegen immens, das zentrale Thema der Theologie des Amtes hieße Heiligung, und das eigentliche missionstheologische Thema hieße – frei nach 1Kor 2,1-5; 5,3-5 u.ö. – Nachahmung! Dass diese Fragestellungen – unbeschadet ihrer Beantwortung – in der theologischen Debatte kaum auftauchen, stimmt nachdenklich.

Was die berufsspezifischen *Arbeitsfelder* betrifft, so steht neben den klassischen Bereichen Gottesdienst/Predigt, Besuche, Konfirmandenarbeit sowie Schulung und Begleitung von Mitarbeitenden die Kinder- und Jugendarbeit ganz oben auf der Erwartungsliste. Sehr hoch bewertet werden auch Leitungskompetenz und Kooperationsbereitschaft.

Als die fünf wichtigsten berufsspezifischen *Eigenschaften* werden angegeben: Vertrauenswürdigkeit, Teamfähigkeit, Konfliktfähigkeit, Integrationsfähigkeit und Offenheit für neue Entwicklungen.[3] Dass immer mehr Landeskirchen personalentwicklerisch dazu übergehen, solche Eigenschaften durch besondere Verfahren wahrzunehmen und durch Fortbildung zu fördern, entspricht somit den Erwartungen der Kerngemeinden.

Pfarrerinnen und Pfarrer klassisch – die Mitgliedschaftsuntersuchung der EKD

Die 4. Mitgliedschaftsuntersuchung der EKD *Kirche in der Vielfalt der Lebensbezüge* lässt weitere Aspekte erkennen. Nach dieser Befragung verbleiben 49% der Mitglieder in der Kirche, weil sie den Kasualien einen hohen Rang beimessen. 46% betonen den christlichen Glauben, 44% das diakonische Engagement der Kirche, vor allem aber die Betreuung von „Alten, Kranken und Behinderten“ mit 82%[4]. Interessant für unsere Fragestellung ist nun, dass die Begleitung von

---

[3] *Dahm,* aaO, 25.
[4] Vgl. dazu *Schulz,* Wegmarken für eine Kirche im Wandel, 171.

Menschen „an den Wendepunkten des Lebens“ mit 79% und der Wunsch nach Gottesdiensten mit 75% und Verkündigung der christlichen Botschaft mit 73% unmittelbar folgen. Hier wird eindeutig eine traditionelle Pfarrerinnen- und Pfarrerrolle bestätigt. Offenbar soll Kirche erkennbar bleiben in ihren „altbekannten Erscheinungsweisen“[5]. Dies könnte natürlich auch daran liegen, dass vielen Kirchenmitgliedern neuere und speziellere Funktionen von Pfarrdienst und Kirche wie beispielsweise der interreligiöse Dialog (39%) weder bewusst noch bekannt sind.

Nachdenklich stimmt der Befund zu den Themen Gemeinschaft (lediglich 20%) und ehrenamtliche Mitarbeit (lediglich 19%). Würden sich die Kirchen von dieser Erwartung bestimmen lassen, würden sie sich vom neutestamtlichen Auftrag entfernen. Das von uns beschriebene Eph4-Modell, Zurüstung der gesamten Gemeinde zum Dienst, sieht ja Entdeckung, Aktivierung und Einsatz der individuellen Charismen *aller* als ausdrückliche Zielbestimmung geistlicher Hauptamtlichkeit vor (1Kor 12; 1Petr 4,10). Eine Entfernung von diesem Auftrag stellt für eine schriftbezogene reformatorische Kirche geistlich keine Möglichkeit dar. Hier wird sie sich zu entscheiden haben. Will sie dem auftragsgemäßen geistlich-theologischen oder dem soziologischen Paradigma folgen? Oder wird es ihr gelingen, beide Dimensionen kirchlichen Handelns aufeinander zu beziehen, um ihren Auftrag im Sinne von 1Kor 9,19-23 zwar unter Berücksichtigung soziologischer Wirklichkeit auszuführen, nicht aber unter deren Federführung?

Dass die empirischen Befunde ernstzunehmen sind, wenn wir unsere real existierenden volkskirchlichen Bedingungen nicht überspringen wollen, wird niemand bestreiten. Möglicherweise gründet das erhobene Minderinteresse an ehrenamtlicher Mitarbeit ja in Wahrheit lediglich in einer Ablehnung eines falsch assoziierten und *unterbestimmten* Ehrenamtes, eher verstanden als unbezahlte mindere Hilfstätigkeit – als „Handlanger für die Hauptamtlichen“ oder „Lückenbüßer, wenn Stellen gestrichen werden“, wie *Knieling*[6] schreibt –, denn als Einbringung eigener spezifischer und oft nicht minder professio-

[5] *Schulz,* aaO, 172.

[6] *Knieling,* Plädoyer für unvollkommene Gemeinden, 147.

neller Kompetenzen zum Aufbau der Gemeinde. Bringt doch die Bitte um unbezahlte Mithilfe beim Kaffeekochen oder der Verteilung des Gemeindebriefes noch nicht a priori ein dezidiertes Interesse am persönlichen Charisma eines Gemeindegliedes zum Ausdruck. Dass es in Wahrheit ein zunehmendes Interesse am Ehrenamt gibt, zeigt schon die Tatsache, dass eine Kirche wie die EKiR im Jahre 2006 die Zahl von 100.000 ehrenamtlich Mitarbeitenden und die EKD insgesamt bereits die Millionengrenze überschritten[7] hat. Kirchen wie die Evangelische Kirche in Bayern, die Evangelische Kirche in Hessen und Nassau oder die Sächsische Landeskirche haben sogar bereits Ehrenamtsakademien und Ehrenamtsgesetze eingeführt.[8]

Die Erwartungen der Kirchenmitglieder müssen erkannt und berücksichtigt werden, dürfen aber nicht zur handlungsleitenden Maxime kirchlichen Handelns werden. Diese liegt allein im Auftrag ihres auferstandenen Herrn, wie ihn die Heilige Schrift bezeugt (Mk 16,15; Matth 28,18-20; Luk 14,45-47; Joh 20,21-23; Apg 1,8; 1Kor 9,16), und wie ihn die EKD-Synode 1999 neu in Erinnerung gerufen hat.[9]

In jedem Falle wird die Spannung zwischen dem skizzierten neutestamentlichen ‚Amtsverständnis' im Sinne des Eph4-Modells (*Beteiligungskirche*) und den erhobenen empirischen volkskirchlichen Erwartungen an das ‚Pfarramt' (*Betreuungskirche*) zu bearbeiten sein. Will sie „missionarisch Volkskirche sein" (EKiR), werden Wege gesucht werden müssen, beide Aspekte komplementär und konstruktiv aufeinander zu beziehen.

---

[7] *Schulz,* Ehrenamt und Lebensstil, 379.

[8] *Petry,* Gemeinde leiten, 231ff; *Schäfer,* Ehrenamtsgesetz und Ehrenamtsakademie, 320ff; *Wilzki,* Die Ehrenamtsakademie der sächsischen Kirche, 155. Vgl. auch: Themenheft zu Amt und Ehrenamt in Lernort Gemeinde 1 (2002); Ehrenamt, Evangelische Argumente. Informationen und Standpunkte aus der Evangelischen Kirche im Rheinland, 8 (2006); Systematische Ehrenamtsarbeit. Eine Praxishilfe für Kirche und Diakonie, 2009.

[9] Vgl. dazu unten Kapitel 6.

5. Und wie geht's eigentlich Pfarrerinnen und Pfarrern?

Von ihrer Sache her verwalten Pfarrerinnen und Pfarrer *unsichtbare Güter*, deren Realität sie glauben und behaupten, nicht aber allgemein einsichtig plausibilisieren können, es sei denn im Raum gemeinsamen Glaubens. Der emeritierte Wuppertaler Neutestamentler *Klaus Haakker* hat den geistlichen Dienst so beschrieben: „Wer in der Kirche lebt und mitarbeitet, durch dessen Hände gehen unsichtbare Güter. Er betreut Unverfügbares und verwaltet Unaufweisbares, nämlich Gottes Vorräte; er führt im Stillen die geheimen Geschäfte Gottes".[1]
Es gibt nichts zu beweisen, nichts vorzuweisen, nichts zu sehen, keinen quantifizierbaren Gewinn, keinen direkt und eindeutig verifizierbaren Nutzen. Im Zuge zunehmender Entkirchlichung, oder besser der Entselbstverständlichung der unsichtbaren Mitte des Glaubens scheint „immer mehr Aufwand für immer weniger ‚Ertrag' [...] getrieben werden"[2] zu müssen. Der Hochschätzung der Selbststeuerung[3] im Pfarramt einerseits entspricht daher – psychologisch betrachtet – eine starke mentale Abhängigkeit von der eigenen intrinsischen Motivation andererseits.

Im Bereich der *äußeren Arbeitsbedingungen* machen unter anderem die abnehmende Finanzkraft und der Mitgliederschwund der Kirche zu schaffen. Zwar steigen in den letzten Jahren erfreulicherweise die Wiedereintrittszahlen, den Abgang durch Austritt, Tod und vor allem durch den demographischen Faktor vermögen sie aber nicht zu kompensieren. So werden Kirchen geschlossen, Pfarrstellen aufgehoben, Gemeinden fusioniert und Gebäude verkauft. Vor allem werden Mitarbeitende aus anderen Berufen eingespart, so dass den Pfarrerinnen und Pfarrern, ermöglicht durch fehlende Arbeitszeitregelungen, immer weitere Aufgaben zugeschrieben werden. Das führt aber nicht zu

---

1 *Haacker,* Gelassenheit, 146.

2 *Dahm,* Frust und Lust, 232.

3 *Kronast/Griesel/Nethövel,* Pfarrberuf zwischen Selbststeuerung und Organisation, 530.

mehr geistlichem Ertrag, sondern zu einer Prioritätenverschiebung sowie zu weniger Erholung. Insofern bezahlen oft die Familien die Zeche. *Isolde Karle* konstatiert in diesem Zusammenhang, dass der sogenannte „package-deal", also die für den vollzeitlichen Einsatz einer Profession erforderlichen Privilegien wie Fürsorgeschutz, Alimentierung und Verlässlichkeit nicht mehr in ausreichendem Maße gewährleistet sei, wodurch sich immer mehr Pfarrpersonen nicht mehr angemessen gewürdigt fühlen.[4]

Der zunehmenden *quantitativen Belastung* mit Sekundäraufgaben korrespondiert eine *qualitative Unterforderung* im geistlichen Kerngeschäft. Daran hat auch das angeblich allgemein aufbrechende neue religiöse Interesse bislang nichts erkennbar geändert. Nach wie vor klagen Vorsitzende gemeindlicher oder kreiskirchlicher Theologieausschüsse über chronische Beschlussunfähigkeit, Kasualien werden erbeten mit dem Hinweis, es weder zu fromm noch zu lang zu machen, im Religionsunterricht führen biblische Texte immer noch zu oft eine relativierte Existenz, zur intensiven exegetischen Vorbereitung einer Predigt fehlt die Zeit, und selbst organisierte Predigtnachgespräche handeln nur selten von der Frage, was denn Paulus mit seinen Worten wirklich gemeint haben könnte. Die Kuchenpreise für das nächste Gemeindefest sind da oft wesentlich interessanter.

Betrachten wir einige neuere Untersuchungsergebnisse zur *Berufswirklichkeit* und *Berufszufriedenheit* von Pfarrerinnen und Pfarrern:[5]

In einer Hinsicht zeigen die unterschiedlichen Befragungen ein eindeutiges Ergebnis, nämlich die Präferenzen bezüglich der von Pfarrerinnen und Pfarrern favorisierten Teilrollen innerhalb ihres Berufes. Der weitaus größte Teil identifiziert sich in hohem Grade mit dem Pfarrbild des *Seelsorgers* oder der *Seelsorgerin.* 61% der Befragten in der Ev.-luth. Landeskirche Hannovers verstehen sich ‚voll und ganz' als Seelsorger, 62,9% der Befragten in Evangelischen Kirche in Hessen und Nassau wünschen sich mehr Zeit für Seelsorge. Demgegenüber verstehen sich in Hannover lediglich 7,5% als Generalistin oder

---

[4] *Karle,* Pfarrberuf, 274ff; *Becker,* Pfarrberufe, 149; vgl. unten Kap. 8.

[5] *Becker/Dautermann,* Berufszufriedenheit im heutigen Pfarrberuf, 51ff; *Becker,* Pfarrberufe, 187ff; *Dahm,* Frust und Lust, 232ff; *Kronast,* Pfarrberuf, 525ff. Zur Situation in Pommern vgl. *Böhm, Herbst, Fleßa,* Arbeitszufriedenheit im Pfarrberuf, 206ff.

Generalist, 6,9 % als Vorbild und 6,5% als Missionarin oder Missionar.[6] Auf die Frage nach den wichtigsten Zukunftsmaßnahmen geben 41,5% „theologisch begründete Prioritätensetzung" und 39,7% „Stärkung der Gemeinden" an. Regionalisierung und Stärkung der Kirchenkreise rangieren mit 8,5% bzw. 6,7% weit unten auf der Vorschlagsliste.[7] Offensichtlich erwarten Pfarrerinnen und Pfarrer von solchen Strukturmaßnahmen keinen günstigen Einfluss auf den künftigen Pfarrdienst, im Gegenteil:

„Die Regionalisierung scheint zum Symbol für eine gefühlte Bedrohung der Interaktion durch die *Organisation* geworden zu sein".[8]

Was das für künftige Strukturreformen bedeutet, wäre kirchenleitend zu diskutieren. Und in der Tat, sofern mit den nötigen Strukturreformen nicht gleichermaßen mentale und geistliche Reformprozesse gefördert werden, wird ihr geistlicher Ertrag wohl gering bleiben. Organisatorisches Change-Management bedarf eines begleitenden mentalen Change-Managements. Nur plausibilisierte und von allen Beteiligten verinnerlichte Strukturveränderungen führen auch zur erwünschten Optimierung in der Sache.

In den von *Dahm* durchgeführten Untersuchungen[9] kristallisierten sich einige weitere Negativerfahrungen im Pfarramt heraus. Als besonders belastend werden erlebt:

Das Verhältnis zu Kolleginnen und Kollegen. Dies ist betrüblich und verständlich zugleich. Betrüblich, weil ausgerechnet die erkennbare Geschwisterlichkeit nach neutestamentlichem Ethos sichtbarer Ausdruck der Neuwerdung des Menschen (Röm 12,9-10) und der Agape, der Liebe (Joh 13,35; vgl. Matth 5,15), ist. Verständlich ist es, weil Menschen bekanntlich trotz ihrer Taufe fehlbar bleiben. Bildet man allerdings Verantwortungsbereiche mit mehreren ‚Alpha-Tieren' auf einem Handlungsfeld, sind Konflikte zwangsläufig vorprogrammiert. Die Bereitschaft zu hoher Identifikation mit dem Dienst geht mit der Beanspruchung von Verantwortlichkeit einher. Zu destruktiv wirken-

---

[6] *Kronast,* aaO, 525; *Becker,* Pfarrberufe, 219.
[7] *Kronast,* aaO, 529.
[8] *Kronast,* aaO, 530.
[9] *Dahm,* Frust und Lust, 234ff.

den Konflikten kommt es immer dann, wenn Machtfragen tabuisiert und Zuständigkeiten nicht hinreichend geregelt werden.

Die aus dem traditionellen Pfarrbild stammenden volkskirchlichen Erwartungen. Vorbildlicher Lebenswandel, heile Familie, für alle immer Verständnis, allzeit freundlich und geduldig, die Predigt nicht zu lang, im Unterricht nicht zu viel Bibel, politisch enthaltsam und immer im Dienst. Wer diese Maßstäbe einmal gedanklich auf sein eigenes Leben überträgt, spürt sofort, dass hier eine Illusion realisiert werden soll.

Der Management- und Verwaltungsbereich. Gewiss gibt es Pfarrerinnen und Pfarrer, die sich um der Sichtbarkeit ihrer Arbeitsergebnisse in Verwaltungs-, Finanz- und Bauangelegenheiten stürzen, manchmal vielleicht sogar flüchten. Aber dies ist sicherlich nicht die Mehrheit. Die Mehrheit hat Theologie studiert, weil Theologie sie fasziniert. Wer den pastoralen Beruf auf Grund einer inneren Berufung, der sogenannten ‚vocatio interna', ergriffen hat – und dies sollte der Regelfall sein –, will von Gott reden, der Welt Christus bekannt machen, Menschen gewinnen, geistliche Prozesse anregen, Seelsorge betreiben und Gemeindeentwicklung befördern. Wer stattdessen Arbeitsrechtsprozesse führen und Kirchendächer renovieren muss, wird fachfremd verwendet, vermag diese Aufgaben oft nur unprofessionell auszuführen und wird genau dadurch von Frustration bedroht.

Die Arbeit im Presbyterium. Dieser Bereich pfarramtlichen Dienstes unterliegt besonderen Gefährdungen, zumindest in Kirchensystemen, in denen die Pfarrperson in die Leitung einerseits ‚nur' gleichberechtigt eingebunden ist, anderseits aber durch Übernahme des Vorsitzes die ‚Leitung des Leitungsorgans' innehat, wie es in der EKiR der Regelfall ist. Hier wirkt sich die beschriebene Ambivalenz des Zwei-Naturen-Charakters des Pfarramtes in bisweilen verdeckten Dynamiken aus. Der qualitativen Dominanz (theologisch examiniert, ordiniert, Gegenüber zur Gemeinde in der Repräsentanz Christi) entspricht eine quantitative Unterlegenheit (lediglich eine Stimme im Presbyterium, kein Vetorecht). Dies führt immer wieder zu einer Art subkutaner Machtkämpfe. Presbyterinnen und Presbyter stehen in der Versuchung, sich als Vorgesetzte ihrer Pfarrpersonen zu verstehen, Pfarrerinnen und Pfarrer sind versucht, als Expertinnen und Expertinnen ihren Leitungsanspruch im Sinne einer Richtlinienkompetenz geltend zu machen. Beide verlassen auf diese Weise die eigentlich intendierte Dienstgemeinschaft.[10]

Das Beziehungsfeld zur landeskirchlichen Ebene sowie der Gemeinschaft der Landeskirchen in der EKD. Dies ist ein besonders neuralgischer Punkt, und dies nicht nur, weil die Autoren dieses Buches die landeskirchliche Ebene vertreten. Jede Gemeinde repräsentiert nach reformatorischer Überzeugung die ganze Kirche Jesu Christi. Und gerade weil sie dies tut, ist sie auch der ganzen Kirche verpflichtet. Dies ist schon aus ekklesiologischen Gründen so, nicht zuletzt aber auch aus Gründen kirchenpolitischer und finanzpolitischer Solidarität. Allein die zentralen Sicherungs- und Versorgungssysteme erfordern den Bezug der einzelnen Gemeinde auf das Ganze. Wollten wir dies nicht, könnten wir eine vereinsorientierte Freikirche werden. Das aber wäre das Ende der flächendeckenden evangelischen Volkskirche, das Ende der Kirche als gesellschaftspolitisch relevanter Faktor und natürlich auch das Ende von öffentlich-rechtlichen Lebenszeit-Pfarrstellen mit Pensionsanspruch.

So befinden sich Pfarrerinnen und Pfarrer als ‚Verwalter unsichtbarer Güter' (*Haacker*) in einer ambivalenten Dynamik: Psychologisch betrachtet agieren sie aus einer eher intrinsischen Motivation, jedenfalls, wenn man die Kraft des Glaubens als psychologische Innenseite des auf Gott ausgerichteten Vertrauens auffasst. Extrinsisch betrachtet arbeiten sie, bei nach wie vor vorhandener öffentlicher Achtung, in einem schrumpfenden Betrieb in partiell fachfremder Verwendung. Das demotiviert, zumal die fachfremde Verwendung den Schrumpfungsprozess langfristig befördern wird. Daraus resultiert ein paradoxer Teufelskreis: Das immer umfangreicher werdende Engagement von Pfarrerinnen und Pfarrern verstärkt auf diese Weise ungewollt die eigene Demotivation. Das Salz wird kraftlos. Und wenn dies geschieht, womit soll man's würzen? (Matth 5,13). Es werden also Mittel und Wege zu suchen sein, die Hauptamtlichen, durch deren Dienst das Allgemeine Priestertum entwickelt und entfaltet werden soll, ihrerseits neu zu motivieren.

[10] Vgl. hierzu ausführlich *Lehnert,* Die Kunst des Delegierens, 111ff.

Frauen im Pfarrberuf
Auch wenn unsere bisherigen Ausführungen zum Pfarrbild für Pfarrerinnen und Pfarrer gleichermaßen und unbeschadet ihres Geschlechtes gelten, ist es notwendig, an dieser Stelle einige Gesichtspunkte zur spezifischen Situation von Frauen im Pfarrberuf hervorzuheben:[11]

Zunächst ist festzuhalten, dass die Einführung der Frauenordination mit erheblichen Veränderungen der klassischen ‚*Pfarrfamilie*' einherging. Galt bis weit in die 70er Jahre hinein das Paradigma des hauptamtlichen Pfarrers, der von seiner Frau in ihrer Rolle als ‚Pfarrfrau' ehrenamtlich unterstützt wurde, so änderte sich dieses Rollenverständnis mit dem Aufkommen berufstätiger ‚Pfarrmänner' grundlegend. Es war für die Gemeinde nachvollziehbar, dass ihrerseits berufstätige Ehepartner die traditionelle Rolle nicht übernehmen konnten.[12] Hand in Hand mit dieser Entwicklung kam es zunehmend zur eigenständigen Berufstätigkeit von ‚Pfarrfrauen', die allerdings unter höherem Legitimationsdruck standen und leider bisweilen immer noch stehen. Mit dem Berufsbild der „Pfarrerin" wurden also automatisch die Themen ‚Pfarrfamilie', Leben im Pfarrhaus, Verhältnis von Dienst und Privatsphäre, Arbeitszeit und Freizeit sowie unterschiedliche Lebensformen im Pfarrhaus aufgerufen.[13]

Ein besonders dringliches Thema scheint uns die Neuordnung der *Haus-* und *Familienarbeit* zu sein. Immer noch sind es in der Mehrheit Frauen, die in den eingeschränkten Dienst gehen. Auch dort, wo beide berufstätig sind und sich die Haus- und Familienarbeit theoretisch teilen, übernehmen häufig doch Frauen diesen Bereich. Gleichwohl nimmt die Zahl der familienarbeitswilligen Männer zu. Im theologischen Nachwuchs der EKiR etwa befinden sich nicht wenige Pfarrer in Elternzeit.
In Bezug auf ein vermeintlich typisch weibliches Amtsverständnis lassen sich verschiedene Entwicklungen aufzeigen. Anfänglich eher abgrenzende feministische Positionen, die einerseits um des Aufbrechens verkrusteter Rollenbilder willen erforderlich waren, die andererseits

---

[11] Zum Folgenden: *Szepanski-Jansen /Rammenzweig*, Frauen im Pfarramt, 450ff; *Enzner-Probst*, Pfarrerin, 1995; *Sammet*, Beruf: Pfarrerin 1998; *Schwinge*, Berufsbild ‚Pfarrerin', 501ff; *Wagner-Rau*, Zwischen Vaterwelt und Feminismus, 1992.
[12] Vgl. *Schwinge,* 506ff.
[13] Vgl. dazu unten Kap. 9.

aber auch zur „Verunsicherung bei den männlichen Amtsinhabern im Blick auf ihr eigenes Selbstverständnis"[14] führten, sind abgelöst worden von einem neuen Fragen nach einer gelingenden geschwisterlichen ‚Gemeinschaft von Frauen und Männern in der Kirche' unter Gender- und Gleichstellungsgesichtspunkten. Es geht um ein komplementäres und geschlechtergerechtes Miteinander, um gegenseitige Ergänzung und synergetische Bereicherung. Pfarrteams mit Frauen und Männern sehen in der Regel gemeinsam mehr und weiter als andere.

Gleichwohl spiegelt sich das quantitative Verhältnis von Frauen und Männern während der gegenwärtigen theologischen Ausbildung immer noch nicht wieder in der realen Verteilung der *Pfarrämter* und schon gar nicht in der Vergabe von *Leitungsfunktionen.* Frauen werden in Bewerbungsgesprächen gefragt, wie sie Familie und Beruf zu vereinbaren gedenken. Männer werden dies nicht gefragt, oder jedenfalls deutlich seltener.

Sylvia Szepanski-Jansen und *Guy W. Rammenzweig* weisen auf ein vertracktes Phänomen hin, das viele Frauen im Pfarramt immer wieder bedrückt, nämlich „dass Frauen oft noch immer 120-150 Prozent dessen leisten müssen, was Männer durchschnittlich leisten, um männergleiche Anerkennung zu erzielen". Darin steckt eine Falle: „Verhält sich eine Pfarrerin anders als die auf sie gerichteten Projektionen und benennt ‚als Frau' eigene Bedürfnisse, kann es schnell heißen, dass sie es ‚nicht packt'. ‚Packt' sie es aber und kann dabei noch lächeln, heißt es, dass sie entweder ihre Familie vernachlässigt oder ‚vermännlicht' sei."[15]

Dass sich manche Pfarrerinnen selbst „noch immer in einem Männerberuf sehen", wie *Brigitte Enzner-Probst*[16] beklagt, ist ein Problem für sich. Hier gilt es Klischees aufzubrechen und zu überwinden, ohne zugleich durch das entsprechende Engagement das, was überwunden werden soll, paradoxerweise zu stabilisieren. In diesem Falle bliebe der Überwindungsversuch am zu Überwindenden haften. Synodal errungene Konsense über neue, geschlechtergerechte Perspektiven auf sol-

---

[14] *Dies.,* aaO, 510.

[15] *Szepanski-Jansen / Rammenzweig,* Frauen im Pfarramt, 451.

[16] *Enzner-Probst,* Pfarrerin, 18, zit. nach: *Szepanski-Jansen / Rammenzweig,* aaO, 448f.

che Fragen scheinen leider immer noch nicht überall bei der Gemeindebasis angekommen zu sein. Woran dies liegt, ist eine Frage für sich, der wir hier nicht weiter nachgehen können. Dass wir dranbleiben müssen an diesem Thema, weil es hier noch viel zu tun gibt, ist unser ausdrücklicher Appell.

6. Grundlegende Herausforderungen des Pfarrdienstes

Traditionsabbruch und Säkularisierung frustrieren einerseits, bieten aber als Krise zugleich eine neue missionarische Chance[1]. Zentrale Herausforderungen für den Pfarrdienst bestehen daher nach unserer Auffassung vor allem in der Entwicklung und Förderung folgender Kompetenzen:

Etwas bezeugen: Gott loben und von Gott reden – Theologische Kompetenz

Gott loben, das ist unser Amt. Immerhin beschreibt Paulus die Verweigerung des Gotteslobes als zentralen Ausdruck menschlicher Sünde (Röm 1,21). Im Gotteslob bezieht sich die Welt auf ihren Schöpfer, die Gemeinde auf ihren Herrn und der Einzelne auf seinen Erlöser. In der Inszenierung des öffentlichen Gotteslobes besteht eine der vornehmlichsten Aufgaben geistlichen Dienstes. Gottesdienste gehören somit nicht auf die vorletzte Seite des Gemeindebriefes, sind auch nicht nur milieubezogene Sonderveranstaltungen einzelner frommer Menschen, sondern stellen das Kerngeschäft von Pfarrerinnen und Pfarrern dar, ganz oben auf der dienstlichen Prioritätenliste.

Von Gott reden. Der Präses der Synode der EKHN, *Karl-Heinrich Schäfer*, hat einmal gesagt:

> „Kirche hat dafür zu sorgen, dass das Gerücht von Gott nicht aufhört“[2].

Recht hat er! Pfarrerinnen und Pfarrer reden zuallererst von Gott und erst dann von allem anderen. Gott ist ihre „Währung“, die sie einbringen.[3] Aber sie reden nicht einfach *über* Gott, wie es möglicherweise

---

[1] Das Amt der Pfarrers und der Pfarrerin in der modernen Gesellschaft, aaO, 13.
[2] Auf der Synode im April 2008, vgl. www.ekhn.de.
[3] *Behler*, Aufgaben, 40.

Religionswissenschaftler tun, sondern sie reden *von* Gott, wie es *Bultmann* einst formuliert hat[4], als selbst von Ihm angesprochene und betroffene Zeuginnen und Zeugen. So ist die Theologie als reflektierte Rede *von* Gott, besser: als die Reflexion des *Redens Gottes* selbst[5], nicht akademische Voraussetzung des Pfarrberufes, sondern dessen konstitutive Grundlegung. Theologie ist und bleibt die konstitutive ‚Berufswissenschaft' für Pfarrerinnen und Pfarrer.[6] Dies zu vernachlässigen – und Studien zeigen, dass dies leider immer wieder der Fall ist[7] –, hieße, das Proprium des Pfarrberufes zu vernachlässigen, denn Pfarrerinnen und Pfarrer sind und bleiben „in erster Linie Theologinnen und Theologen"[8].

Die Schrift auslegen. Pfarrerinnen und Pfarrer schließen als wissenschaftlich ausgebildete Theologinnen und Theologen sich und anderen die Schrift auf, machen sie bekannt, erklären sie, deuten sie, sehen sowohl in der Hebräischen Bibel wie im Griechischen Neuen Testament ihre Hauptquelle, ihr zentrales Handwerkszeug und ihr erstes Thema. Zu Recht wird dies in neuerer Zeit immer wieder nachdrücklich betont, wie wir an den Entwürfen von *Grözinger* und *Deeg* gezeigt haben.

Das VELKD-Papier zur Ordination sieht in der Schriftauslegung die Kernkompetenz von Pfarrerinnen und Pfarrern[9]. In eindrücklicher Weise hat *Klaus Haacker* in seinen bibelwissenschaftlichen Arbeiten vorgeführt, auf welche Weise exegetische Arbeit in die Gottesbegegnung und von dort aus in den geistlichen Dienst führen kann.[10]

---

4 *Bultmann,* Welchen Sinn hat es, von Gott zu reden?, 26ff.

5 Zu den Konsequenzen für die Predigtpraxis vgl. *Lehnert,* Kein Blatt vor'm Mund, 11ff.

6 Vgl. hierzu *Grethlein,* Pfarrer – ein theologischer Beruf, 25; 104ff und *Karle,* Wozu Pfarrerinnen und Pfarrer?, 8.

7 So halten laut Beckers Studie im Bereich der EKHN nur 9,4 % der Pfarrerinnen und Pfarrer theologisch-wissenschaftliche Kompetenz für eine relevante Berufsfähigkeit, vgl. *Becker /Dauermann,* Berufszufriedenheit, 59.

8 *Karle,* aaO, 8.

9 Ordnungsgemäß berufen, 13.

10 Zum hermeneutischen Ansatz Klaus Haackers vgl. *Lehnert,* Exegetisch Gott begegnen, 389ff.

Es geht also um eine Wiedergewinnung der „Einheit von Theologie und Spiritualität"[11]. Von der Schrift losgelöste Spiritualität unterliegt nach reformatorischer Auffassung dem Schwärmereiverdacht, rein historische Auslegung dem Atheismusverdacht. Beides gilt es auszuräumen. Geistliche Schriftauslegung vollzieht sich im Spannungsfeld zwischen Oratio, Meditatio und Tentatio, zwischen Gebet, Meditation und Anfechtung. Diese Spannung macht nach Luther den Theologen aus.

Bayer bringt dies so auf den Begriff: „Ein Theologe ist, wer, von der Anfechtung getrieben, betend in die Heilige Schrift hineingeht und von ihr ausgelegt wird, um sie andern Angefochtenen auszulegen, sodass sie ebenfalls – betend – in die Heilige Schrift hineingehen und von ihr ausgelegt werden."[12]

Auf Christus verweisen. „Ein Lehrer ist einer, der zeigt, was er liebt"[13], schreibt *Fulbert Steffensky.* Das erinnert sehr an das doppelte „kommt und seht" in Joh1. Die Jünger fragen nach der Herberge Jesu, Jesus antwortet: „Kommt und seht!" (V.39). Wie Jesus, so auch der Jünger. Philippus erzählt Nathanael, er habe den Messias gefunden, und fordert ihn auf: „Komm und sieh es!" (V.46). Der Auftrag des apostolischen Amtes besteht darin, Menschen zu zeigen, was man selbst gefunden hat, besser: ihnen den zu zeigen, von dem man selbst gefunden worden ist (Lk 15,5), oder noch besser: von dem man selbst ergriffen ist, ohne es selbst bereits ganz er- bzw. begriffen zu haben (Phil 3,12). So verweist der Pfarrdienst auf einen Anderen, auf den menschgewordenen Gottessohn (Joh 1,14; Mk 1,11), in dem der Gott Israels seinen Fuß auf diese Welt gesetzt (vgl. Lk 1,68; Joh 1,11) und sein Gesicht gezeigt hat (Joh 14,8), den Messias Israels (Mk 8,29; Joh 1,41; 4,25), den gekreuzigten und auferweckten Jesus Christus (1Kor 15,1-19), durch den Gott die Welt mit sich versöhnt (2Kor 5,19f) und die Völker nach der Abrahamsverheißung (Gen 12,2f) zur bleibenden Erwählung Israels hinzu erwählt hat (Röm 11,17).

Christus repräsentieren. Aber das geistliche Amt beinhaltet noch mehr. So wie Jesus Christus nicht nur ‚exemplum', also religiöses und ethisches Beispiel für den Willen Gottes war und ist, sondern zugleich –

---

[11] *Zimmerling,* Plädoyer für eine neue Einheit von Theologie und Spiritualität, 130ff.

[12] *Bayer,* Urteilskraft als theologische Kompetenz, 233.

[13] *Steffensky,* Gott loben, 358.

als ‚sacramentum' – dessen personifizierte und stellvertretende reale Verwirklichung im Sinne einer Vorwegnahme, einer Vorwegereignung der Gottesherrschaft in einem geschichtlichen Menschen ist[14], so besteht auch das Wesen des geistlichen Amtes, wie oben gezeigt, nicht nur aus seiner Verweisfunktion, sondern ebenso aus seinem Repräsentationscharakter, wie *Dietz* und *Wenz* ausführlich dargestellt haben.[15] Christus selbst vergegenwärtigt sich im apostolischen Dienst (2Kor 5,20), im Wort (Lk 10,16; 1Thess 2,13), im Sakrament – sofern nämlich das griechische Wort *anamnesis* in 1Kor 12,24 und Lk 22,19 vom aramäischen *zakaron* her nicht ‚Gedächtnis' im Sinne von bloßer ‚Erinnerung', sondern im Sinne von ‚Vergegenwärtigung' bedeutet[16] –, sowie in der Absolution, in der die Freisprechung von Sünde und Schuld nicht nur behauptet, sondern *real vollzogen* wird (Joh 20,23).[17] Das Pfarrbild aus Kurhessen-Waldeck deutet diesen Aspekt an, auch wenn es die explizite Rede von der – für protestantische Ohren eher katholisch anmutenden – ‚Repräsentation' Christi vermeidet. Auch die reformierte Tradition kennt diese Dimension, u.a. unter dem Stichwort der ‚manducatio spiritualis', der ‚geistlichen Nießung', unter dem die reale Gegenwart Jesu Christi im Heiligen Geist während der Abendmahlsfeier geglaubt, bekannt und erwartet wird. Es gehört zum Überraschenden des Ordinationspapiers der VELKD, ausgerechnet aus lutherischer Perspektive diesen Aspekt für das Pfarrbild außerordentlich flach gespielt zu haben. Sofern dies geschieht, um mittelalterlich anmutende *substanzontologische* Kategorien zu vermeiden, ist dies nachvollziehbar. Sofern dadurch aber die besondere *funktionale* Semiotik des Amtes nivelliert wird, besteht hier Diskussionsbedarf.

Etwas wollen: Menschen gewinnen – Missionarische Kompetenz

Der verstorbene rheinische Präses *Peter Beier* äußerte einmal im Rahmen eines Pfarrkonventes einen gleichermaßen schlichten wie genialen Satz. Wir geben ihn sinngemäß wieder:

---

[14] Vgl. hierzu *Moltmann,* Wissenschaft und Weisheit, 56.

[15] *Dietz,* Systematisch-theologische Aspekte, 101f; *Wenz,* Herrenmahl und Amt, 91ff. Ausführlich *Dreier,* Amt, 169-214.

[16] Vgl. *Hahn,* Art. Abendmahl, 12 und *Bartels/Schnabel,* Art. Gedenken, 661-667.

[17] Zur evangelischen Beichte vgl. *Braun,* Vergebung baut auf, 176ff.

‚All euer Dienst beginnt mit: Da ging Einer von Galiläa nach Jerusalem'.

Es geht im Glauben immer zuerst um Ihn und erst dann auch um mich. Er soll durch das Predigtamt (Röm 10,14-17; CA 5 und CA 14) der Welt bekannt gemacht werden (Matth 28,16-20; Phil 1,18). In „keinem anderen Namen ist Heil" (Apg 4,12). Seine Gnade soll ausgerichtet werden „an alles Volk" (Barmen 6). Auf dem Hintergrund der Tatsache, dass die meisten antiken Religionen als sog. ‚Mysterienkulte' geheim waren, kann Jesus von Nazareth in gewisser Weise sogar als ‚Erfinder geistlicher Werbung' gelten, wie Matth 10,27 belegt:

„Was ich euch sage in der Finsternis, das redet im Licht;
und was euch gesagt wird ins Ohr, das predigt von den Dächern".

Spätestens seit der EKD-Synode '99 entwickelt sich in den Gliedkirchen eine neue Einstellung zur *missionarischen Frage*, jenseits alter und bisweilen verhärteter Fronten unterschiedlicher geistlicher Lager.[18] Mission ist nicht fundamentalistisches Bedrängen mit theologischen Fast-Food-Wahrheiten. Mission ist das begeisterte Weitererzählen von etwas, was uns sehr wichtig und wertvoll geworden ist. Mission heißt nicht Recht haben oder Recht haben wollen. Mission heißt, auf Ihn zu verweisen (Joh 1,46), Ihn vor Augen zu malen (Gal 3,1), Ihn zu verkündigen (1Kor 1,23), auch und vor allem in Kontexten, in denen Er nicht oder nicht mehr bekannt ist (Phil 1,18). Pfarrerinnen und Pfarrer müssen sich darauf einstellen, dass es durch ihren Dienst zunehmend zu einer ‚Erstbegegnung' mit dem Evangelium kommt, nicht nur in den neuen Bundesländern. Und sie sollten solche Erstbegegnungen mit hoher Priorität arrangieren, denn immerhin sind in den letzten 30 Jahren über 5,2 Millionen Menschen aus der Kirche ausgetreten.[19] Hier bietet der Traditionsabbruch paradoxerweise neue Chancen: Die immer größer werdende Unkenntnis biblischer Traditionen erhöht nämlich automatisch den Innovationsgrad christlicher Verkündigung. Und da kaum noch Vorhandenes auch keine Ver-

[18] Vgl. das Referat von *E. Jüngel* unter www.ekd.de/synode99/referate_ juengel.html sowie die Synodalkundgebung unter www.ekd.de/synode99/referate_ kundgebung.html; Ermutigung zur Mission. Ein Lesebuch zum Schwerpunktthema der EKD-Synode 1999; Das Evangelium unter die Leute bringen, EKD-Texte 68;

[19] *Höhmann / Krech*, Mitgliedschaftsuntersuchung, 3.

schleißeffekte mehr zeigt, könnte Christliches schon bald die ganz neue Attraktivität des (wieder) Fremden entfalten. Missionarische Kompetenz heißt daher ganz nüchtern verstanden auch *kreativ-visionäre* Kompetenz. Man muss *etwas anzubieten haben* und *etwas anbieten wollen.* Dazu bedarf es des *Unternehmergeistes*, der *Kreativität* und der *Fantasie.* Dass wir dabei im Spannungsfeld zwischen eschatologisch bereits angesagter und beschlossener Zukunft (1Kor 15,28; Off 21f) und nüchterner Bezogenheit auf die Bedingungen einer gebrochenen Welt (Matth 13,24-30) agieren, muss eigentlich nicht gesondert erwähnt werden.

Aus unserer Sicht gibt es zwei Demarkationslinien, die den Übergang von missionarischer Kompetenz in ihr Gegenteil markieren. Die eine ist die *fundamentalistische* Linie: „Es steht geschrieben!" oder: „Das ist so, und das musst du glauben!". Der Bezug auf die Schrift allein aber ist noch lange nicht missionarisch. Auch der Teufel kennt und zitiert bekanntlich die Schrift (Matth 4). Aber er verkehrt ihren Geist. Wie etwas ‚an sich' ist, wissen wir nicht, sowohl aus erkenntnistheoretischer Perspektive als auch aus der Glaubensperspektive. Immerhin bekennt kein geringerer als der Apostel Paulus: „Unser Wissen ist Stückwerk" (1Kor 13,9). Wenn – was wir glauben – Jesus Christus die „Wahrheit" ist (Joh 14,6) und wir ihn Ihm „den Vater sehen" (Joh 14,9), dann heißt dies doch wohl von 1Kor 13,9 her, dass unsere individuelle Erkenntnis von Ihm gerade *nicht* identisch mit der Wahrheit ist. Hier wäre von jüdisch-rabbinischer Hermeneutik eine Menge zu lernen. Der Verweis auf das „Fundament" Christus (1Kor 3,11) kann daher selbst nicht das Fundament sein. Der missionarische Verweis auf die Wahrheit behauptet für sich selbst keinen Wahrheitsanspruch, sondern untermauert paradoxerweise gerade durch die erkenntnistheoretische Selbstrelativierung die geglaubte Wahrheit. Missionarische Verkündigung kann nicht mehr sein als die Einladung zu einem fragmentarischen Blick auf *den*, den wir als Wahrheit glauben, in der Hoffnung, dass diese, besser: dies*er* sich dem Betrachtenden selbst erschließen mag. Die Erkenntnis Christi erfolgt nicht aus immanenter Logik, nicht aus „Fleisch und Blut", sondern wird von oben, vom „Vater im Himmel" (Matth 16,17; vgl. 1Kor 12,3) geschenkt. Die andere Linie nennen wir die *postmoderne Totalrelativierung.* Sehen wir in den Schriften nichts weiter als religionsgeschichtliche Zeugnisse religiöser Überzeugungen früherer Generationen, dann hätten wir außer einigen interessanten antiken anthropologischen Beobachtungen strenggenommen nichts zu verkündigen. Ist Jesus Christus nicht auferstanden, kann Er sich auch nicht durch unseren Dienst vergegenwärtigen (1Kor 15,14). In diesem Falle gäbe es überhaupt kein pastorales Amt, und wir bräuchten uns eigentlich nicht darüber zu verwundern, dass wir kaum jemand gewönnen, weil wir ja eigentlich auch gar nichts anböten, für das sich irgendjemand gewinnen lassen könnte. So wirkt sich die Haltung des „Ich weiß es auch nicht, aber ich lade euch ein, es mit mir nicht zu wissen" genauso verhängnisvoll aus wie das apodiktische „So ist das!". Beides ist nicht missionarisch, denn es repräsentiert weder Glauben noch Liebe. Genau diese beiden aber sollte der geistliche Dienst exemplarisch widerspiegeln. Mission geschieht somit im Zugleich des Vertrauens auf Gottes vollmächtiges Handeln und demütiger Selbstrelativierung.

Gleichwohl müssen wir etwas wollen. Und zwar müssen wir etwas wollen, das Gott tun soll, wie die Frage Jesu an den blinden Bartimäus zeigt: „Was willst du, dass *ich* für dich tun soll?" (Mk 10,51). Jesus tut etwas. Mission ist immer Teilhabe an der ‚missio Dei', an Gottes eigenem Heilshandeln an der Welt. Noch einmal knüpfen wir hier an den Gedanken der ‚Repräsentation' an. Er durch uns! Gleichwohl aber müssen *wir* etwas tun: *Wir* müssen predigen (1Kor 9,16), *wir* müssen lehren (Matth 28,20ff), *wir* müssen beten (1Thess 5,17), *wir* müssen hingehen (Luk 10,1-12). Zwar will *Gott* durch uns handeln, aber *wir* müssen es ausrichten. Wir sind die ‚Gesandten' (Joh 20,21), die ‚Freudenboten' (Röm 10,15), die Mitarbeitenden Gottes (2Kor 6,1), die delegierten ‚Versöhnungsbeamten', eben „Botschafterinnen und Botschafter an Christi Statt" (2Kor 5,20).

Wir sind berufen. Wozu? Wir sind berufen, Sein Werk zu tun. Besser: Wir sind berufen, Ihn sein eigenes Werk durch uns tun zu lassen (Gal 2,20) durch den Heiligen Geist (Apg 2; 1Kor 12). Mit welchem Ziel? Um „möglichst viele" zu „gewinnen" (1Kor 9,19)!

Etwas wahrnehmen: Menschen begleiten – Seelsorgliche und diakonische Kompetenz

Wie die letzte EKD-Umfrage gezeigt hat, gewinnt die Kirche eine hohe gesellschaftliche Akzeptanz durch ihre seelsorglichen Angebote, besonders im Kontext der Kasualien, sowie durch ihr diakonisches

Engagement. Ohne die entsprechenden aktuellen Diskussionen auf diesen Arbeitsfeldern hier nachzeichnen zu können, heben wir doch einige Aspekte heraus:

Die *Kasualtheorie* schwankt zwischen den Polen der seelsorglichen Begleitung an individuellen biographischen Übergängen im Sinne stabilisierender Lebenshilfe und der missionarischen Gelegenheit gegenüber ansonsten unerreichten Menschen.[20] Kasualien, die Amtshandlungen der Kirche, werden von den einen als lästiges Pflichtprogramm an Menschen, die ja doch ‚mit der Gemeinde nichts zu tun haben' empfunden – bisweilen mit der Konsequenz ihrer lieblosen Durchführung –, von anderen dagegen gerne als missionarische Gelegenheit im negativen Sinne missbraucht. *Rudolf Bohrens* Polemik gegen dieses Phänomen ist längst Programm geworden, je nach Pfarrergeneration allerdings in unterschiedlicher Weise. Unseres Erachtens aber greifen beide Sichtweisen zu kurz. Kasualien sind komplex und mehrdimensional. Ja, sie sind Begleitung an Übergängen des Lebens, sogenannte Passageriten. Zugleich aber sind sie Zuspitzung des Evangeliums in diese Übergänge hinein. Insofern sind sie auch Mission[21], denn sie bringen das Evangelium kontextualisiert, wie *Grethlein* formuliert, in einer bestimmten biographischen Situation zur Geltung, in der Hoffnung, dass die Betroffenen einen helfenden, tröstenden, erbauenden oder in irgendeiner Weise weiterführenden Aspekt des Evangeliums für ihr Leben entdecken mögen. Glaubenshilfe und Lebenshilfe sind eben gerade keine Gegensätze. Der Ertrag dieser klassischen Einsicht *Helmut Tackes*[22] ist nach unserer Kenntnis immer noch nicht hinreichend eingebracht.

Francois Vouga und *Martin Stiewe* haben jüngst darauf aufmerksam gemacht, dass die lebensbezogene Dimension von Schriftauslegung wesentlich ergiebiger ist, als oft wahrgenommen wird.[23] So wird Seelsorge häufig in einer gewissen Parallelität zu den ethischen Diskursen an den Randbereichen menschlichen Lebens geführt, insbesondere im Kontext von Geburt (Taufe), Krankheit (Krankenhaus, Besuch) und Tod (Sterbebegleitung, Beerdigung). Was aber ist mit den alltäglichen

---

[20] Guter Überblick bei *Grethlein,* Grundinformation Kasualien, 15-98.

[21] *Winkler,* Pfarrerbild, 341.

[22] *Tacke,* Glaubenshilfe als Lebenshilfe, 2. Aufl. 1979.

[23] *Stiewe / Vouga,* Das Evangelium im alltäglichen Leben, 2005.

Kernbereichen menschlicher Existenz? Was hat das Evangelium zu sagen zu Themen wie Ehe- und Familienleben, Umgang mit Geld, persönlicher Spiritualität, Gebet, Arbeitslosigkeit, Angst, Hoffnung, Krisen, Schuld, Scheitern u.ä.? Eheseminare vor Trauungen, Pubertätserziehungsseminare für Konfirmandeneltern, Begleitung bei Eintritt in den Ruhestand und vieles mehr ließe sich verstärkt entwickeln und durchführen.

Hinzu kommt die Glaubenshilfe im engeren Sinne. Seelsorge, ursprünglich ja Sorge um die Seele im geistlichen Sinne, muss sich auch mit Glaubensfragen, Gottesbeziehung, Zweifel, Anfechtung und Trost sowie Beichte und Absolution befassen. Zu recht hat *Grözinger* die vielgeschmähte Thurneysen'sche Bruchlinie in der Seelsorge neu interpretiert.[24] Sofern nämlich in der seelsorglichen Begegnung Christus explizit zur Sprache kommt, wird dem Menschen etwas gesagt, was dieser sich in der Tat nicht selber sagen kann, sondern das ihm allein von Gott her, ‚extra nos', zukommt.

Im *diakonischen Bereich* wäre die Gemeindediakonie neu zu entdecken. Die Delegation diakonischer Aufgaben an Sozialstationen und Diakonische Werke ist für bestimmte Arbeitsfelder notwendig, sinnvoll und segensreich, allein das Bewusstsein für den diakonischen Auftrag der Gemeinde als Dienst des Allgemeinen Priestertums ist dabei verkümmert. Wer fühlt sich nach dem Gottesdienst verantwortlich für die Kranken, die nicht kommen konnten? Wer geht hin, am Sonntagmittag? Wer organisiert Nachbarschaftshilfe und Kinderbetreuung für junge Eltern? Wer baut eine Tafel oder eine Suppenküche in der Gemeinde auf? Die hohe Bereitschaft zur Mitarbeit im Hospizbereich zeigt, dass Menschen zu solchen Diensten in nicht geringer Zahl zur Verfügung stehen, was einmal mehr das in Umfragen konstatierte Desinteresse an einer Mitwirkungskirche erheblich relativiert.

Hier wäre an die theologische Einsicht zu erinnern, dass sich nach neutestamentlicher Auffassung die Repräsentanz Christi nicht auf Wort und Sakrament beschränkt. Matth 25,40 weist auf die spezifische Gegenwart Jesu Christi in den ‚geringsten Brüdern und Schwestern' hin. Eindrücklich *Jürgen Moltmann:* „Der Elende ist keineswegs

---

[24] *Grözinger,* Kirche, 111ff; vgl. *Bukowski,* Die Bibel ins Gespräch bringen.

das Objekt christlicher Nächstenliebe und moralischer Pflichterfüllung, sondern ist die latente Präsenz des kommenden Retters und Richters in der Welt, an dem sich Heil und Unheil entscheiden".[25]

Seelsorgliche und diakonische Kompetenz entwickeln heißt daher unter anderem, die Sorgen der Menschen noch präziser wahrnehmen zu lernen und genau darin Christus zu begegnen. Das Evangelium ist nicht nur auf die Ränder des Lebens (Geburt, Tod), sondern auf das ganze Leben hin auszulegen. Glaubenshilfe muss sich als Lebenshilfe erweisen. Hier muss die Relevanz der Christusbotschaft neu entdeckt und nachvollziehbar formuliert werden.

Etwas vermitteln: Lehren – Apologetische Kompetenz

Moltmann hat eindrücklich vorgeführt, was es heißt, „Gott im Projekt der modernen Welt" zu plausibilisieren, von der Gottesfrage bis hin zur Ethik.[26] *Hans Küng* hat an der Frage nach dem Ewigen Leben durchbuchstabiert, dass Hoffnung nicht allein als pneumatisch generierter Erkenntnisprozess, sondern ebenso als vernünftige Vertrauensentscheidung verstanden und provoziert werden kann.[27] *Gerd Theißen* hat „Argumente für einen kritischen Glauben" formuliert[28], die als Grundlage einer zeitgenössischen Apologetik dienen können. Schließlich hat *Volker Kessler* einen lesenswerten Durchgang durch die mannigfachen Versuche sogenannter Gottesbeweise vorgelegt.[29] Dies alles sind eindrucksvolle Versuche, eine neue *apologetische Kompetenz* zu begründen.

Hinzu kommt ein neuer Bedarf an *elementarer Lehre* in allen Bereichen kirchlicher Bildungsarbeit. Bereits das Neue Testament bezieht die Lehre eng auf die Verkündigung.[30] Die 4. Mitgliedschaftsuntersu-

---

[25] *Moltmann,* Kirche in der Kraft des Geistes, 146. Zur Diakonie im Urchristentum vgl. *Hentschel,* Diakonia im Neuen Testament, 2007.

[26] *Moltmann,* Gott im Projekt der modernen Welt, 1997.

[27] *Küng,* Ewiges Leben?, 2. Aufl. 1982 u.ö.; *ders.*, 24 Thesen zur Gottesfrage, 1979.

[28] *Theißen,* Argumente für einen kritischen Glauben, 1978.

[29] *Kessler,* Ist die Existenz Gottes beweisbar?, 1999; vgl. *Hiltscher,* Gottesbeweise, 2008.

[30] *Schrage,* Einige Beobachtungen zur Lehre im Neuen Testament, 233ff; vgl. das Themenheft der ZNT 21 (2008).

chung zeigt, dass etwa ein Drittel aller Kirchenmitglieder spezifisch christliche Glaubensinhalte „kaum oder überhaupt nicht" teilt.[31] Daher gehört popularwissenschaftliche theologische Erwachsenenbildung konstitutiv zum Verkündigungsdienst und zur kirchlichen Bildungsarbeit hinzu. Gelungene Projekte auf dieser Linie sind etwa der Evangelische Taschenkatechismus, der neue Ökumeneleitfaden[32], *Kurt Erlemanns* Buch zur Gottesfrage[33] aber auch die mittlerweile etablierten Kurse zur Einführung in den Glauben, wie etwa ‚Christ werden – Christ bleiben', ‚Emmaus' (beide von der AMD) oder ‚Wort und Antwort' (vom Gemeindekolleg der VELKD).

Peter Bukowski hat die Fähigkeit zur theologischen Elementarisierung immer wieder gefordert. Berühmt geworden ist sein Beispiel vom jungen Vikar, der auf die Frage einer Trauernden, wo denn ihr verstorbener Sohn Erwin nun sei, antwortete, das wisse er nicht und außerdem sei er Vertreter der Ganztodtheorie.[34] Training im ‚Theologie reden' muss konstitutiver Bestandteil theologischer Ausbildung sein.[35] In der EKiR haben wir daher seit 2004 das sogenannte ‚Erwin'-Gespräch zur Elementarisierung komplexer theologischer Zusammenhänge ohne wissenschaftlichen Substanzverlust[36] als Prüfungselement in das 2. Theologischen Examen implementiert.

Pfarrerinnen und Pfarrer haben einen theologischen Bildungsauftrag und sollten elementarisiertes Lehren trainieren, und zwar unbeschadet der geistlichen Wahrheit, dass Glaube als Vertrauensakt letztlich weder aus sich selbst begründbar noch machbar noch verfügbar ist. Ein schönes Bild für die innere Dynamik dieser Wahrheit liefert Joh 2,1-12: Wasser in Wein zu verwandeln, das vermögen wir nicht. Aber es wäre viel gewonnen, wenn wir neu lernten, frisches Wasser in die leeren Glaubenskrüge der Menschen zu füllen, denn: „Wie sollen sie an

---

[31] *Höhmann / Krech,* Kirchenmitgliedschaftsuntersuchung, 11.

[32] Evangelischer Taschenkatechismus, hg. von Clasen u.a.; Typisch katholisch, Typisch evangelisch hg. von Meyer-Blanck u.a.; *Rauhaus,* An Christiane... ; vgl. auch *Heckel u.a.* (Hg.), Zwischen Himmel und Erde.

[33] *Erlemann,* Wer ist Gott?, 2007.

[34] *Bukowski,* Rückfragen, 475ff.

[35] *Bukowski,* Theologie in der zweiten Ausbildungsphase!, 152ff.

[36] *Kleinschmit* versteht unter Elementarisierung „das Bemühen, wissenschaftliche Komplexität ohne Substanzverlust zu reduzieren und zugleich an lebensweltlicher Relevanz zu gewinnen", Schmetterlinge, 116.

den glauben, von dem sie nichts gehört haben"? (Röm 10,14). Unsere Aufgabe ist das Einfüllen. Die Verwandlung in Wein liegt in höherer Hand.

Etwas beitragen: Interdisziplinäre Kompetenz

Es gilt, mit gesellschaftlichen Kräften zu kooperieren, die sich ebenfalls für eine menschenfreundliche Gestaltung der Welt engagieren. Mit Umweltverbänden verbindet uns die Bewahrung der Schöpfung, mit der Politik die Sorge um Frieden und Gerechtigkeit, mit der Medizin die Linderung von Schmerzen und der Wunsch nach Heilung. Mit der Hospizbewegung sind wir um eine menschenfreundliche Sterbebegleitung bemüht und in der Notfallseelsorge um schnellen Beistand in Katastrophenfällen. Auf allen diesen Feldern – und es ließen sich leicht viele weitere nennen – wird ein entsprechender Einsatz der Kirche nicht nur erwartet, sondern auch gerne angenommen und unterstützt. Es erweist sich einerseits als ungemein förderlich für Pfarrerinnen und Pfarrer, in Kontakt zu stehen mit den kommunalen Politikerinnen und Politikern, mit Palliativnetzwerken, mit Umweltverbänden und vielen weiteren Gruppen. Anderseits engagieren sich auch nicht wenige Gemeindeglieder in solchen Gruppen und Arbeitskreisen, so dass die Kontakte zur Kirchengemeinde de facto immer schon vorhanden sind, lange bevor der Pfarrer oder die Pfarrerin sie entdeckt haben. Solche Menschen gilt es ausfindig zu machen und seitens der Gemeinde zu unterstützen. Hier gilt die alte Personalentwicklungsregel ‚Wenn Siemens wüsste, was Siemens weiß'.[37] Spitzengespräche zwischen Amtspersonen sind das eine, Unterstützung der in den unterschiedlichsten gesellschaftlichen Bereichen aktiven Gemeindeglieder das andere. Kirchenamtliche Verlautbarungen und Stellungnahmen zu politischen und ethischen Themen wie etwa EKD-Denkschriften u.ä. sind wichtig und unverzichtbar. Genauso wichtig und unverzichtbar aber ist die Unterstützung und Förderung der Menschen, die unsere gemeinsame evangelische Sache an ihrem jeweiligen eigenen Ort zur Geltung bringen wollen, ganz im Sinne *Scherles,* dass Ehrenamt und christliche Lebenspraxis komplementäre Dimensionen des Dienstes des Allgemeinen Priestertums sind. Und genau dies ist

[37] Vgl. *Krämer,* Personalentwicklung, 217.

Sache des Amtes bzw. der Ämter nach dem Eph4-Modell. Ärztinnen und Ärzte, die geistliche Aspekte in ihre Gremien einbringen sollen und wollen, müssen selbst darin geschult werden. Warum keine Predigtreihe in der Passionszeit zum Thema ‚Schmerzen', zu der Ärztinnen und Ärzte gezielt eingeladen werden – auch zur Mitwirkung? Warum keine Erwachsenenbildungsreihe zum Thema Globalisierung, zu der gezielt Politikerinnen und Politiker der Region eingeladen werden – auch zur Mitwirkung? Und zwar einerseits, um evangelische Aspekte des Themas zu erhalten, anderseits aber auch, um die politischen und wirtschaftlichen Aspekte in die Gemeinde einzubringen. Die einen müssen von den anderen lernen. Nach dem Eph4-Modell wird die politische und ethische Relevanz des Evangeliums nicht allein durch Verlautbarungen und Appelle zur Geltung gebracht, sondern gleichermaßen durch Unterstützung der in diversen gesellschaftlichen und beruflichen Bereichen engagierten Gemeindeglieder, mit dem Ziel, dass diese wiederum ihrerseits das Evangelium auf ihren jeweiligen Handlungsfeldern zur Geltung bringen, ganz im Sinne des Gleichnisses vom Sauerteig (Matth 13,33). ‚Die Kirche', das ist eben gerade nicht nur das ‚Pfarramt'. ‚Die Kirche', das sind alle Getauften in allen ihren Bezügen! Hier wird das Allgemeine Priestertum praktisch und effektiv. Und je mehr Menschen sich für eine Sache an unterschiedlichsten Orten einsetzen, desto mehr werden wir gemeinsam erreichen.

7. Der pfarramtliche Dienst auf dem Hintergrund der Postmoderne

Einige Stichworte der sogenannten Postmoderne lauten: Subjektivierung, Individualisierung sowie Differenzierung und Pluralisierung, verbunden mit dem Ende der großen Erzählungen.[1] Hinzu kommt die Forderung nach Mobilität.

Subjektivierung: Das Verhältnis von Amt und Person

Beginnen wir mit der *Subjektivierung.* Sie findet sich längst in der Diskussion um das Pfarrbild wieder, und zwar in Gestalt der Frage: Trägt weiterhin das Amt die Person, wie *Karle* meint, oder muss zunehmend die Person das Amt tragen, wie diverse sonstige Pfarrbildentwürfe behaupten? An der geringer werdenden öffentlichen Akzeptanz von Kirche als Institution partizipiert auch das Pfarramt, und es ist zu erwarten, dass Ertrag und Frucht des geistlichen Dienstes in immer höherem Maße vom persönlichen Charisma und der subjektiven Persönlichkeitsstruktur der Pfarrerinnen und Pfarrer abhängen könnten. Damit droht ihnen eine prinzipielle Überforderung, und zwar aus zweierlei Gründen: *Einerseits* werden sie durch die schwindenden Erwartungen der säkularen Gesellschaft chronisch unterfordert. *Schmidt-Rost* umschreibt dies mit der bezeichnenden Wendung eines mecklenburgischen Sprichwortes: „Gut, dass er [der Pfarrer] da ist, hoffentlich brauchen wir ihn nie“[2]. *Anderseits* existiert eine empfindliche Divergenz zwischen der Selbstwahrnehmung von Pfarrerinnen und Pfarrern und der Außenwahrnehmung durch die Gemeinde, wie u.a. in der Erhebung der EKiR aus dem Jahre 1998 deutlich wurde. Während nämlich – wie oben gezeigt[3] – ehrenamtliche Schlüsselpersonen und Gemeindeglieder „in unverkennbaren Mehrheiten den be-

---

[1] Vgl. hierzu *Pohl-Patalong*, Gegenwelt, 25f; *Grözinger,* Kirche, 11ff, *Postmann,* Keine Götter mehr;, 181ff; *Reuter,* Predigt verstehen, 15ff.

[2] *Schmidt-Rost*, Präsenz, aaO, 22.

[3] Vgl. oben Kap. 4.

sonderen, den herausgehobenen, ja einen exemplarischen und vorbildlichen Charakter" der berufsspezifischen Lebensführung von Pfarrpersonen betonen und entsprechende Erwartungen artikulieren, verstehen sich Amtsträgerinnen und Amtsträger selbst überhaupt nicht als ‚bessere Menschen'. Im Gegenteil, sie fühlen sich durch diese Vorbild-Rollenzuschreibung überfordert:

„So besteht ein gravierender Unterschied im Grundverständnis von Pfarrbild und Pfarrberuf: hier, bei den Gemeindegliedern mehr das Vorbild, die Repräsentation einer ‚heilen Welt'; dort, bei den Pfarrern und Pfarrerinnen selbst, ein unprätentiöses Menschsein, berufliche Kompetenz in Glaubensfragen und Theologie sowie das Ansprechbarsein für Gemeindeglieder in Freud und Leid"[4].

Außensicht und Selbstverständnis divergieren also in eigentümlicher Weise: Die gesellschaftliche Untererwartung frustriert, die gemeindliche Rollenzuschreibung überlastet. In der Kategorisierung von *Mechels:* Im Amt sind sie *unter-*, im Dienst dagegen *über*fordert. Was die säkulare Unterforderung betrifft, so bestünde eine Lösungsmöglichkeit in der ‚Flucht nach vorne', in der Entwicklung neuer und öffentlichkeitswirksamer missionarischer und apologetischer Strategien. Was die subjektive Überforderung betrifft, sei auf die Ausführungen von *Michael Klessmann*[5] verwiesen, der die Erfüllung der Vorbildfunktion in spezifischer Weise evangelisch, vom Gerechtfertigtsein des Mängelwesens Mensch her interpretiert und genau dadurch ermöglicht:

„Wer in einer zunehmend fragmentierten Gesellschaft Vorbild und symbolischer Garant integrierten, gelingenden Lebens sein soll, muß sich entweder ziemlich großartig vorkommen oder – und das scheint wesentlich öfter der Fall zu sein – sich permanent überfordert fühlen". Entsprechend kommen in der Identitätsdiskussion zum Pfarrbild die Aspekte der „Bruchstückhaftigkeit und Ambivalenz" zu kurz. Christlicher Glaube hätte demgegenüber dem Menschen dessen „Nicht-Identität" vor Augen zu führen inklusive des Angenommenseins durch Gott. Der Rechtfertigungsglaube wird somit zum entscheidenden Faktor der Pfarrbilddiskussion: „Theologische Anthropologie leitet [...] zur Annahme der prinzipiellen Fragmenthaftigkeit menschlichen Lebens an".

---

[4] *Ders.*, aaO, 22; vgl. auch *Grethlein*, Pfarrer(in)sein, 389.

[5] *Klessmann*, Pfarrbilder im Wandel, 15f. 22-25.

Persönliche Glaubwürdigkeit gibt es demnach nur in paradoxer Weise, den *Martin Leutzsch* schön auf den Begriff bringt:

Es ist „eine ausgesprochen anspruchsvolle Aufgabe, das Nicht-Vorbild-sein-Wollen anderen so zu vermitteln, dass sie sich daran ein Vorbild nehmen können“[6].

Pfarrerinnen und Pfarrer sollen und können demnach durchaus Vorbild sein, aber nicht hinsichtlich einer vermeintlich höheren ethischen Qualität, sondern darin, dass sie mit ihren Schwächen anders umgehen und der Diskrepanz zwischen Anspruch und Wirklichkeit gelassener begegnen, als dies außerhalb des Rechtfertigungsglaubens möglich wäre. Es ist die gerechtfertigte Person, die bewusst aus dem Angenommensein trotz ihrer Gebrochenheit lebt, die, selbst vom Evangelium getragen, das Amt trägt. Aus Sicht der volkskirchlichen Erwartung trägt demnach – im Sinne der Professionstheorie (*Karle*) – wohl weiterhin das Amt die Person, wenn auch für immer weniger Menschen. Aus Sicht des geistlichen gemeindeentwickelnden Auftrags aber hängt vieles an der personalen Kompetenz (*Klessmann*) der Pfarrerin bzw. des Pfarrers.

Pluralisierung und das Ende der großen Erzählung: Profil und Alleinstellungsmerkmal

„Aber die Gefahr ist, dass wir in der Heutigkeit ersticken; dass wir sagen, was die anderen sagen, und denken, was die anderen denken. Die Gefahr ist, dass die Kirche ihre Fremdheit und ihre kontrapräsentische Kraft (*G. Theißen*) verliert. Die Gefahr ist, dass die Kirche sich selbst geläufig wird und dass sie die blinde Geläufigkeit einer Gesellschaft nicht unterbricht“[7].

Wenn es wahr ist, wie die Theoretiker der Postmoderne behaupten, dass die Zeit der großen Erzählungen (Religionen, Ideologien etc.) vorüber ist, dann würde dies bedeuten, dass auch die Zeit des Christentums in der Auslaufphase angelangt und von der einstigen ‚Rose‘ allein noch ihr ‚Name‘ (*Umberto Eco)* übriggeblieben wäre. Dies setzt

[6] *Leutzsch,* Dimensionen der Weisheit, 302.
[7] *Steffensky*, Gott loben, 353.

allerdings voraus, dass der christliche Glaube nur als religiös-ideologische, einspurige, sogenannte ‚binäre' Erzählung aufzufassen ist, die in semantisch eindeutigen Richtigkeiten dogmatisch korrekt, im Ursinn des Wortes ‚orthodox' darstellbar wäre. Wohin derartige Versuche geführt haben, lässt sich an Zwangstaufen, Inquisition und Häretikerprozessen nachhaltig studieren. Dass *diese* Zeit der ‚großen Erzählung' vergangen ist, sollte niemand ernsthaft betrauern. Was aber, wenn das Evangelium von seiner Anlage her gar keinen binären, also eindeutig-einspurigen Strukturen folgt? *Grözinger* hat deutlich gemacht, inwieweit der postmoderne Einspruch gegen die Großerzählung in innerer Affinität zum Einspruch der Reformation gegen die ideologische Überformung dieser Erzählung durch eine herrschende Kirche steht.[8] War es doch *Luthers* Bestreben, die Schrift im Kontext von Gebet (*oratio*), Besinnung (*meditatio*) und Anfechtung (*tentatio*) dynamisch auszulegen. Niemals hat er den Buchstaben binär, sozusagen eins zu eins, mit dem Wort Gottes identifiziert, im Sinne von 2Kor 3,6: „Der Buchstabe tötet...". Vielmehr hat er erwartet, dieses möge sich im Vollzug der Auslegung und der Predigt ereignen, ebenfalls im Sinne von 2Kor 3,6: „...aber der Geist macht lebendig".

Immerhin liegt uns ausgerechnet die eine große Erzählung von Gottes Weg in unsere Welt in vier unterschiedlichen Versionen vor. Allein diese Tatsache hätte die Christenheit vor dogmatischem Fundamentalismus warnen müssen. Offensichtlich gab es bereits in der Entstehungszeit des Christentums sehr unterschiedliche und vielfältige Möglichkeiten, die Christuserzählung zu deuten und zu aktualisieren. Modern ausgedrückt: Die rezeptionsästhetische Einsicht polyvalenter konstruktivistischer Deutungsmöglichkeiten dieser großen Erzählung liegt bereits der Kanonbildung zu Grunde. Andernfalls hätten die frühen kirchlichen Redaktoren wohl nur ein einziges, harmonisiertes und vereinheitlichtes ultimatives Evangelium herausgeben dürfen. Versuche dazu hat es gegeben. Sie haben sich aber gerade nicht durchsetzen können. Ganz im Sinne einer fragmentarischen Erkenntnistheorie – wir bemühen hier nochmals 1Kor 13,12: „Jetzt erkenne ich stückweise" – lies, mit *James D. Dunn* gesprochen, der „Jesus Remembered"[9], der „Erinnerte Jesus" vielgestaltige Interpretationsmöglichkeiten zu, nahezu postmodern anmutend. In diesem Phänomen liegt

---

[8] *Grözinger,* Kirche, 23-33.

[9] Vgl. *Dunn,* Remembering Jesus, 54ff; vgl. *Lampe,* Die Wirklichkeit als Bild, 2006.

die große Chance einer postmodernen Didaktik der Verkündigung. Die neuere Homiletik hat bereits deutliche Vorstöße in diese Richtung unternommen.[10]

Was bedeutet dieses nun für unsere Frage nach dem Pfarramt? Nichts weniger, als dass dessen Profil und Alleinstellungsmerkmal zwar nach wie vor in seiner Zeugen- und Repräsentationsfunktion für den biblischen Jesus Christus besteht, diese Funktion aber keinesfalls einen Alleindeutungsanspruch des Evangeliums für sich behaupten darf. Die Verkündigung verweist eindeutig auf die gemeinsame Mitte des Glaubens, auf Jesus Christus. Denn „einen anderen Grund kann niemand legen" (1Kor 3,11). Zugleich aber lässt sie ihre Frucht in Freiheit wachsen, denn zur „Freiheit hat uns Christus befreit" (Gal 5,1), und so „sehe jeder zu, wie er auf diesem Grund baue" (1Kor 3,10). Wir wiederholen hier, was wir bereits zum Thema Mission ausgeführt hatten: Der Verweis auf den, der die Wahrheit ist (Joh 14,6), ist selber gerade *nicht* die Wahrheit. Dieses jüdisch-biblische Erkenntnisprinzip mutet geradezu postmodern an. So besteht das Alleinstellungsmerkmal des pfarramtlichen Dienstes in dem schriftgemäßen Verweis auf den in Jesus sich zeigenden Gott Israels. Dies bewahrt vor ‚Selbstbanalisierung'[11]. Sein Profil besteht in der Selbstrelativierung der eigenen Erkenntnis und in der Gewährung von Freiheit zu einer je eigenen Antwort und einer je individuellen Geschichte der Menschen mit ihrem Gott. Dies macht postmodernefähig, denn es bewahrt vor Erstarrung. Genau auf diese Weise verläuft der reformatorische Weg postmodern auf dem schmalen Grad in der Mitte zwischen ‚Fundamentalismus und Liberalismus'[12].

Etwas zum Wachsen bringen: Kybernetische Kompetenz – oder: Gemeindeentwicklung nach dem Eph4-Modell als plurale Entfaltung des Allgemeinen Priestertums

Kybernetik der Charismenkoordination
Die Förderung der Gemeindeentwicklung resultiert aus der Bereitschaft des besonderen Amtes, auch katalysatorisch als Befähigungs-

[10] Etwa *Engemann,* Homiletik, 316ff und *Körtner,* Leser, 88ff.
[11] *Steffensky,* aaO, 355.
[12] Vgl. *McGrath,* Das Christentum zwischen Fundamentalismus und Liberalismus, 12ff.

dienst zu wirken. Pneumatische, also durch den Heiligen Geist getriebene Gemeindeentwicklung vollzieht sich in Sichtung, Aktivierung, Einsatz und Förderung der in einer konkreten Gemeinde *vorhandenen* und *aufspürbaren* Charismen, wirksamer Gaben, Talente und Fähigkeiten. Sie sollen nicht vergraben, sie sollen vermehrt werden, wie Jesu Gleichnis von den anvertrauten Pfunden unmissverständlich vor Augen führt (Matth 25,14-30; Luk 19,11-27). Aktivierende, motivierende und unterstützende Professionalität im Umgang mit Ehrenamtlichen und Mitarbeitenden gehört daher – neben der theologischen Kompetenz im engeren Sinne – zu den vordringlichsten Qualifikationen von Pfarrerinnen und Pfarrern.[13]

Die Entwicklung der charismatischen Struktur der Gemeinde wird sehr vielfältig verlaufen. Vom Glaubenskurs über den Besuchsdienst bis hin zum diakonischen Projekt oder zur politischen Aktion. Unzählige Gaben, Fähigkeiten und Kompetenzen liegen im Allgemeinen Priestertum bereit und warten, von Gott her betrachtet, auf ihren Einsatz oder auf ihre Förderung. Betrachten wir dazu einige Beispiele:

Kindergottesdienstteam. Während eines Taufbesuches von Pfarrerin Machdochmit kam das Gespräch auf die Berufe der Taufeltern. Es stellte sich heraus, dass die junge Mutter eine ausgebildete Religionspädagogin war, die soeben in die Elternzeit gegangen war. Ihr fehle das Fachliche schon, betonte sie. Finanzen seien nicht ihr Problem. Die Frage, ob sie möglicherweise Interesse hätte, im Kindergottesdienstteam mitzuwirken, bejahte sie ausdrücklich. Und sie habe eine Freundin, die sich in derselben Lebenssituation befände. Nach kurzer Zeit stellte sich heraus, dass diese beiden Frauen fähig und willens waren, das ganze Team zu leiten. Seitdem war der parallel zum Gottesdienst durchgeführte Kindergottesdienst gewährleistet. Er wuchs schnell und übernahm zunehmend auch Teile der Eingangsliturgie im Gottesdienst wie gespielte Lesungen und ähnliches bis hin zur Mitgestaltung von Familiengottesdiensten. Pfarrerin Machdochmit kümmerte sich um die theologische Zurüstung und die notwendige Unterstützung dieses Dienstes.

[13] Vgl. *Petry*, Wie wir uns denken, 95ff; *Haacker*, Charisma, 9ff; *Douglass*, Reformation, 112ff.

Lektorenkreis. Bei einem Geburtstagsbesuch erlebt Pfarrer Machdochmit, wie eine ältere Dame ein Gedicht vorträgt. Während sie liest, wird es auffällig ruhig unter den Gästen. Alle hören aufmerksam zu. Offensichtlich tun sie dies aber nicht nur aus reiner Höflichkeit, sondern weil sie berührt werden von der Stimme der Vorleserin. Man hört ihr sehr gerne zu. Sie hat eine sehr intensive und ausdrucksvolle Stimme. Mit ihrem Tonfall und ihrer Artikulation liest sie den Text nicht nur vor, sie trägt ihn vor, inszeniert ihn, lässt ihn lebendig werden. Mit ihrem kleinen Beitrag gelingt es ihr, die Anwesenden anzurühren. Liebevoller Applaus bestätigt dies. Pfarrer Machdochmit erfasst augenblicklich die Gunst der Stunde. Diese Dame könnte das erste Gründungsmitglied des neuen Lektorenkreises sein! Als die Konversation wieder einsetzt, spricht Pfarrer Machdochmit sie an und dankt ihr für den eindrücklichen Beitrag. Sie kommen ins Gespräch. Schließlich fragt er die Dame, ob sie sich vorstellen könnte, einmal eine Lesung in der Kirche zu halten. Die Dame fühlt sich geehrt von diesem Angebot. Drei Monate später existierte an dieser Kirche ein Lektorenkreis – initiiert vom sachgemäßen Einsatz eines ‚zufällig' entdeckten Charismas.

Pianist. Kurz vor einem Schulgottesdienst fällt die Organistin wegen Krankheit aus. Ein Lehrer springt am Klavier spontan ein. Während er spielt, wird der Gesang kräftiger. Auf die Kinder springt ein Funke über, und sie singen begeistert mit. Der Lehrer hatte das gewisse Etwas, das nötige rhythmische Feeling für moderne Kinderlieder in den Händen. Pfarrerin Machdochmit schaltet sofort. Ob er sich vorstellen könnte, beim nächsten Familiengottesdienst einmal in die Tasten zu greifen!? Klar doch, willigt der Hobby-Pianist ein. Seitdem spielt er regelmäßig neue geistliche Lieder in der Kirche. Und die Organistin? Sie unterstützt dies, denn erstens kann sie nun regelmäßig ihren freien Sonntag in Anspruch nehmen, und zweitens spielte sie selbsterklärtermaßen sowieso lieber Bach. Die beiden wurden ein Team – und die Gemeinde musikalisch bereichert, nur durch den gezielten Einsatz eines Charismas.

Verschönerungsausschuss. Gemeindehaus- und Kirchengestaltung ist eine Kunst für sich. Zwischen dem Modell Neonlicht, Sprudelwasser und gestapelte Stühle und dem Modell Ästhetik finden sich jede Menge Schattierungen. Bei einem Hausbesuch fällt Pfarrer Machdochmit eine wunderbar gestaltete Wohnung auf. Blumen, Vorhänge,

Licht und Kerzen, alles stimmt. Dies sei die besondere Begabung seiner Frau, betont der Ehemann. Der ganze Freundeskreis bewundere ihren Sinn für Ästhetik. Dies ist das Stichwort für Pfarrer Machdochmit. Für den bevorstehenden Konfirmandenelternabend würde er gerne einmal ihre Dienste in Anspruch nehmen. Die Frau willigt gerne ein. Als die Eltern im Gemeindezentrum eintrafen, trauten sie ihren Augen nicht. Schöne Tischdecken, Weinkaraffen, Efeu, Tischschmuck und einiges mehr dekorierten den Saal. Dies war die Geburtsstunde eines ehrenamtlichen Verschönerungsausschusses der Gemeinde, und die Kultur der gestapelten Stühle war Vergangenheit.

Kinderchor. Für ein Gemeindefest hatte Pfarrerin Machdochmit einen überregional bekannten Kinderliedermacher eingeladen. Sein Auftritt begeisterte die Kinder. Familie Machdochmit lud darauf den Liedermacher mit seiner Frau zum Essen ein. Während des Gespräches bekundete der Sänger ein großes Interesse an der Gemeinde. Der Fall war schnell geklärt. Er übernahm auf der Basis einer geringfügigen Beschäftigung den Aufbau eines Kinderchores für die Gemeinde. Seine regionale Prominenz führte dazu, dass es bald schon Wartelisten gab und die von seinem Chor gestalteten Familiengottesdienste sehr gut besucht wurden. Pfarrerin Machdochmit konnte sich auf ihre eigentliche Aufgabe konzentrieren: der kindgerechten und ansprechenden Verkündigung des Evangeliums in diesen Gottesdiensten. Ihr ehrenamtliches Team professioneller Religionspädagoginnen bereicherte dieses Unternehmen sehr.

Viele weitere Beispiele und Modelle ließen sich anführen. Das Prinzip ist immer das Gleiche: Ein vorhandenes, also von Gott gegebenes Charisma wird im Sinne des Eph4-Modells aufgespürt, gefördert und eingesetzt. Darin besteht der katalysatorische Effekt des Amtes. Kommt er zur Geltung, bewirkt dies einen Multiplikationseffekt, und andere Menschen werden angesprochen, die ihrerseits wieder eigene Charismen mitbringen, die in die Gemeinde eingebracht werden können. Genau dies bewirkt, dass

> „der Leib wächst und sich selbst aufbaut in der Liebe“ (Eph 4,16).

Noch einmal sei hier herausgestellt, dass der „Schulung und Begleitung von Mitarbeitenden“ künftig eine hohe Priorität gegeben werden muss, wie schon die Umfrage der EKiR aus dem Jahre 1999 ergeben hat.[14] Hinzu kommt, dass Pfarrerinnen und Pfarrer laut Befragung die Kooperation mit Ehrenamtlichen zu 70% als erfreulich empfinden.[15]

Bleibt noch zu erwähnen, dass ein weiterer Ausbau dieser katalysatorischen Funktion des Pfarrdienstes keinesfalls zum Ersatz von Pfarrern und Pfarrerinnen durch Ehrenamtliche führen kann und darf. Sollten diese nämlich auf Dauer die pastorale Grundversorgung nicht ergänzen, sondern ersetzen, entpuppte sich die Wiederentdeckung des Eph4-Prinzips als biblisch getarnte Sparmaßnahme. Das wäre fatal. Erforderlich ist das genaue Gegenteil:

„Denn mehr Ehrenamtliche im Verkündigungsdienst erfordern gerade mehr Pfarrerinnen und Pfarrer, die sich ihrer Begleitung, Schulung und Fortbildung widmen“[16].

Im Bild der Sportmetapher: Je mehr Mannschaften ein Verein ins Turnier schickt, desto mehr Trainerinnen und Trainer braucht er.

Qualifikationen für geistlich Leitende
Zur Kybernetik, der Steuerung der Charismenkoordination sind grundlegende Leitungs- und Führungskompetenzen erforderlich[17] – und eine dialektische Grundeinsicht. Sie lautet:

Wenn Leiten heißt, anderen Gliedern am Leibe Christi Raum zu geben, dann ist Leitung in erster Linie als wahrnehmende Koordination (Dienst) und nicht als autoritäre Bevormundung (Macht) zu beschreiben.

Wir kommen hier nochmals auf die bereits skizzierte paulinische Paradoxie zurück.[18] Paulus rief in apostolischer Autorität zur Mündigkeit. Er leitete, indem er die Gemeinde zur Selbstleitung rief. Eine solche Mahnung zur Mündigkeit aber muss notwendigerweise in sich selbst paradox strukturiert sein. Das pädagogische Ziel der Förderung von Mündigkeit kann sich selbst nur in Form eines leitenden Aktes

[14] *Dahm,* Pfarrberuf, 24.
[15] *Ders.,* Frust uns Lust, 236.
[16] *Heymel,* Der Dienst der ehrenamtlichen Verkündigung, 76.
[17] Vgl. *Kammer,* Leiten und Vorangehen, 175ff.
[18] Vgl. oben Kap. 1.

realisieren. Die oder der Leitende leitet die zu Leitenden in die Selbstleitung, indem sie oder er die eigene Leitung durch die Befähigung der Geleiteten zur eigenen Leitung allmählich zurücknimmt. Dieses paradoxe Phänomen bildet nicht weniger ab als Christi Weise des ‚Herr-Seins'. Jesu Autorität kommt ja gerade nicht in heteronomer Bevormundung und der Forderung nach blindem Gehorsam zur Geltung, sondern in Hingabe, Liebe und innerer Korrelation zur menschlichen Freiheit (Joh 8,31f; Gal 5,1). Je mehr Christus die ‚Herrschaft' über einen Menschen gewinnt, desto freier und mündiger wird dieser. Je intensiver das Pfarramt in Gemeinschaft mit dem Gemeinderat / Presbyterium die Gemeinde in der Weise Christi leitet, desto mündiger und selbstständiger wird diese sich entwickeln. Leitung heißt weder bevormunden noch beherrschen. Leitung heißt: anderen die Entfaltung ihrer je eigenen Berufung zu ermöglichen.

Zwei biblische Beispiele mögen dies illustrieren. Jesus selbst hat nach dreijähriger ‚Ausbildungszeit' seine Jünger verlassen. Die Himmelfahrtserzählungen (Lk 24,50-52; Apg 1,9-11) realisieren narrativ, was er in Lk 10,1-6 angekündigt hatte, nämlich, dass sie das Gleiche tun werden wie er selbst. Der Missionsleiter delegiert seine Mission an seine Schüler und begibt sich selbst in die Hintergrundregie. Ein eindrucksvolles Modell geistlicher Leitung. Ähnliches geschieht in Apg 8,26ff: Nachdem er den Äthiopier unterwiesen und getauft hat, verschwindet der geistliche Vater, Lehrer, Missionar und Pastor Philippus. Der Täufling hat sich nicht mit ihm verbunden, sondern mit dem, der die Wahrheit ist. Jesus ist der eigentliche Hirte des neugewordenen Kämmerers, nicht sein Täufer. Das ‚Amt', besser: der geistliche Dienst verbindet Menschen mit Christus und nicht mit sich selbst.

Die Getauften sollen sich ihrerseits entfalten und einbringen. Genau dies verstand *Bonhoeffer* unter ‚mündigem Christsein'. Gleichwohl sollen Leitende nicht verschwinden. Schon gar nicht sollen sie – wie *Frühwald* einschärft – „den Kampf für das ‚Sich selbst überflüssig machen' führen"[19]. Pfarrerinnen und Pfarrer sind unerlässlich, und sie bleiben unerlässlich. Aber sie dürfen weder herrschen noch sich in der Bindung an betreuende Aufgaben selbst lahmlegen, sondern sollen

[19] *Frühwald,* Mentalitätswandel, 13.

koordinierend und vorausschauend leiten. Der Verzicht auf Koordination würde bedeuten, pastorale Führung (Matth 9,36; Joh 10,27f; Apg 20,28) zu verweigern. Der Griff zur Autorität dagegen würde den Geist dämpfen (2Kor 1,24; 1Thess 5,19). In der Fähigkeit, diese Dialektik in einem ausgewogenen Zugleich von Prozessregulation und eigener Zurücknahme realisieren zu können, besteht ein grundlegendes Element geistlich verstandener Leitungskompetenz. Betrachten wir also das Phänomen geistlicher Leitung und der dazu benötigten Qualifikationen noch ein wenig genauer[20]:

Leiten bedeutet: gestalten statt verwalten. Leiten bedeutet: Macht durch Demut und Lernfähigkeit zu beschränken. Leiten bedeutet: eine Alpha-Rolle zwar einzunehmen, aber nicht um andere klein zu machen, sondern um sie groß werden zu lassen. Leiten heißt: sein eigenes Profil erkennen zu geben, nicht aber, es absolut zu setzen. Leiten heißt: Teamfähigkeit zu entwickeln. Leiterinnen und Leiter unterscheiden zwischen professioneller und persönlicher Nähe. Leiterinnen und Leiter arbeiten an ihren Primärbeziehungen. Leiten heißt: das Phänomen der Macht und der Machtspiele durchschauen zu können, denn *„nichts wirkt mächtiger als unbewusste und somit sublime Machtstrukturen"*[21]. Leiterinnen und Leiter sind organisiert, ehrlich, verlässlich und berechenbar. Leiten heißt: einen kooperativen und einbeziehenden Führungsstil zu entwickeln. Leiten heißt: Ziele erarbeiten, Kreativität entwickeln, überzeugen statt bevormunden, eine Kultur der Fehlerfreundlichkeit entwickeln, regelmäßige Kurskorrekturen vornehmen. Motivierende Leitung bedarf der Kunst der Wertschätzung. Leitung macht unangenehme Dinge immer zur ‚Chefsache'. Leitung schützt ihr Team nach außen. Leiterinnen und Leiter haben Geduld. Und vor allem: Leiterinnen und Leiter produzieren neue Leiterinnen und Leiter, indem sie ihre Schlüsselkompetenzen multiplizieren.

---

[20] Vgl. *Lehnert,* Qualifikationen für Menschen mit Führungsverantwortung, 75ff. Struktur und Dynamik geistlicher Leitung im Raum der Kirche sind ausführlich dargestellt bei *Müller-Weißner,* Chef sein im Hause des Herrn, und im Handbuch Presbyterium & Gemeinde: Leiten und Entscheiden. Vgl. auch *Wegner,* Was ist geistliche Leitung?, 185ff.

[21] *Janowski,* Theologia gubernationis, 83. Zur Machtfrage vgl. auch *Weidner,* Peperonistrategie, 19ff; 27ff.

Pfarramt auch als Managementaufgabe

Auf Pfarramt und Gemeindeleitung kommen zunehmend Managementaufgaben zu: Umstrukturierungen, Gemeindefusionen, pfarramtliche Verbindungen, Regionalisierungen und vieles mehr. Hier werden in großem Maße sogenannte ‚Change-Management-Prozesse' durchzuführen sein, Prozesse, für die Pfarrerinnen und Pfarrer in der Regel aber gar nicht ausgebildet sind. In diesem Bereich stellen sich verschiedene Fragen: Wer leitet eigentlich diese Prozesse? Das Pfarramt? Der Gemeinderat? Beide? Externe Beratungsfirmen? Hier wird es wichtig sein, die impliziten Pfarrbilder aller Beteiligten aufzudecken. Verstehen sich Pfarrerin bzw. Pfarrer als Managerin oder Manager mit Aufsichtsrat? Oder bildet das Presbyterium mit integriertem Pfarramt, wie etwa im Rheinischen Modell, eine gemeinsame Leitungsverantwortung aus? Liegt die Leitung des Leitungsorgans beim Pfarramt, oder, wie es ein Neuentwurf der Kirchenordnung in der EKHN vorsieht, bei einer oder einem Ehrenamtlichen? Und was erwartet eine Gemeinde? Seelsorger, Theologinnen, Vorbilder, Managerinnen? Alles zugleich? Die Klärung der impliziten Pfarrbilder, die nicht immer bewusst sind, die de facto aber Konflikte verursachen[22], erweist sich immer wieder als segensreich.

Neue Modelle entwickeln

Immer wieder wird angeregt, über die traditionellen parochialen Strukturen hinaus neue Modelle kirchlicher Arbeit zu entwickeln. Wir verweisen an dieser Stelle nur auf *Pohl-Patalongs* Konzept unterschiedlicher kirchlicher Orte und auf *Beckers* Forderung nach kirchlichen Betreuungsräumen.[23] Hier werden postmoderne soziologische Entwicklungen ernst genommen, die die alte Kongruenz von Wohngemeinde und Parochie hinter sich gelassen haben. Je nach Region wohnen Menschen woanders, als sie arbeiten. Menschen verbringen ihre Freizeit woanders, als sie wohnen. Menschen pflegen ihre Primärbeziehungen darüber hinaus manchmal an weiteren Orten. An all diesen Orten könnten Begegnungen mit dem Evangelium ermöglicht werden. Im Krankenhaus und in der Schule wird dies durch besondere Funktionspfarrstellen lange schon praktiziert. Modernere Arbeitsfelder wie Flughafenseelsorge, Notfallseelsorge, Polizeiseelsorge,

---

[22] So auch *Hermelink,* Pfarrer als Manager?, 544f.

[23] *Pohl-Patalong,* Gegenwelt, 27ff; *Becker,* Pfarrberufe, 286ff.

Militärseelsorge oder City-Kirchen-Arbeit u.ä. erfreuen sich zunehmender Beliebtheit.[24]

In diesem Zusammenhang verdient ein weiteres Ergebnis der 4. Mitgliedschaftsuntersuchung besondere Beachtung: Ein Drittel der Kirchenmitglieder zeigt ein distanziertes Verhältnis zur Kirchenorganisation, nicht aber automatisch auch zum christlichen Glauben. Ein weiteres Drittel steht zwar der Kirchenorganisation näher, zugleich aber den spezifisch christlichen Glaubensinhalten seltsamerweise ferner.[25] Der Pfarrdienst hat es also zugleich mit kirchennahen aber glaubensdistanzierten *und* mit kirchenfernen aber glaubensnahen Mitgliedern zu tun. Möchte man nun, im Sinne des Epheser-4-Modells, kirchennahe Menschen zum geistlichen und kybernetischen Dienst befähigen sowie kirchenferne Menschen gewinnen, so bedarf es höchst differenzierter Herangehensweisen. Wir müssen *„Unterschiedliches für Unterschiedliche anbieten"*[26]. Hier sollten Leitungsgremien noch viel innovativer und mutiger denken. Auch müssen Gemeinde- und Funktionspfarrämter noch viel stärker miteinander kooperieren und innerhalb dieser Kooperation ihrerseits eine charismatische Gabenkoordination zur gegenseitigen komplementären Bereicherung entwickeln.

Ein Blick des Einzelnen für die ganze Kirche

Das Ganze lebt davon, dass jeder Einzelne das Ganze im Blick hat und das Ganze jeden Einzelnen. Die Umfrage von *Dahm* lässt an einer Stelle ganz besonders aufhorchen, nämlich bei der fehlenden oder bisweilen sogar verweigerten ‚corporate identity' einzelner Pfarrerinnen und Pfarrer mit ihrer Landeskirche.[27] Dies ist umso erstaunlicher, als seit langem alle einschlägigen Umfragen zu dem Ergebnis kommen, dass gerade für die sogenannten ‚Kirchendistanzierten' die Pfarrerin oder der Pfarrer, in der Regel zugespitzt auf deren Rolle als Konfirmator/in, die Kirche als Gesamtes repräsentiert.[28] Mangelnde ‚corporate identity' kann die Kirche eigentlich – wie jede andere Organisation auch – nicht dulden, zumal, wenn damit auf der anderen Seite

[24] Vgl. Kirche in der City, epd-Dok. 18.
[25] *Höhmann / Krech,* Kirchenmitgliedschaftsuntersuchung, 10f.
[26] *Pohl-Patalong,* aaO, 27.
[27] *Dahm,* Frust, 237f.
[28] *Hermelink,* aaO, 549f.

hochgesteckte Erwartungen und Forderungen an die Kirchenleitungen verbunden sind.[29] Ein Achter mit Steuermann gewinnt das Rennen nur, wenn alle gemeinsam miteinander und füreinander rudern. Fußballmannschaften mit lauter Stürmern gewinnen kein Spiel. Nur wenn jeder für das Ganze eintritt, erlebt ein Land ein Sommermärchen. Das haben uns *Ballack* und *Schweinsteiger* in 2006 eindrücklich vor Augen geführt. Pfarrerinnen und Pfarrer müssen das Verantwortungsbewusstsein ihrer Gemeindeleitungen für die ganze Kirche mit allen ihren Ebenen fördern. Kirchenleitungen müssen das Verantwortungsbewusstsein für die einzelnen Gemeinden, Dekanate und Kirchenkreise fördern. Tun beide dies nicht, gefährden sie sich gegenseitig.

Ein Blick der Kirche für die ganze Gesellschaft

Aber nicht nur das Ganze der Kirche inkl. weltweiter Ökumene, sondern auch das Ganze der Gesellschaft bis in die Globalisierungsfragen[30] hinein ist auf den Zuspruch und Anspruch Gottes bezogen. Wir können dies hier nur andeuten. Evangelische Theologie und Ethik reflektieren das Evangelium auf seine Relevanz für die ganze Wirklichkeit hin, auch auf die außerkirchliche. Schließlich ist Gott nicht nur der Herr der Kirche, sondern der Herr der ganzen Welt. Täte die Kirche das nicht, würde das öffentliche Interesse an ihr wohl bald verschwinden. Daher ist es unabdingbar, dass Theologie und Kirche solche Beziehungen zur Bürgergemeinde, wie *Karl Barth* sagen würde, nicht nur hinsichtlich des aus ihnen resultierenden Rechtsschutzes für kirchliche Belange befördern und pflegen. Wesentlicher ist es, die aus dem Evangelium resultierende Bereicherung auch der säkularen Gesellschaft angemessen und unüberhörbar zur Geltung zu bringen. Andernfalls wäre Gemeinde nicht viel mehr als religiöse Vereinsmeierei und Glaube nichts anderes als eine spezielle Art spirituellen Freizeitsports.

Interreligiöser Dialog

Dialog darf nicht nur ein „Deckname für die Angst vor dem Eigenen" sein, schreibt *Steffensky*[31]. Recht hat er. Gerade in einem Dialog auf

---

[29] *Frühwald*, aaO, 7.

[30] Vgl. die Arbeitshilfe der EKiR „Wirtschaften für das Leben", 2008.

[31] *Steffensky*, Gott loben, 359.

Augenhöhe muss die eigene Perspektive fair, aber deutlich zur Geltung gebracht werden können. Nur wenn ich wirklich höre, was mein Gegenüber erkannt hat, habe ich die Chance, von ihm zu lernen und umgekehrt. Nivellierung und Tabuisierung wären hier nichts anderes als gegenseitige Entmündigung. Wie schwer dies ist, hat die heftige Diskussion um die EKD-Denkschrift zum christlich-muslimischen Dialog ‚Klarheit und gute Nachbarschaft'[32] gezeigt. Der Dialog bewahrt vor Ideologisierung des Glaubens. Immer geht es darum, aus dem Stückwerk der eigenen Erkenntnis zu leben (1Kor 13,9) und sich durch die Wahrnehmung des Stückwerks anderer gegenseitig zu bereichern. Der interreligiöse Dialog wird im Grundsatz von derselben Leitfrage getragen wie eine gute Liebesbeziehung, und die lautet schlicht: „Was denkst *du* eigentlich?".

Etwas erwarten: Geistliche Kompetenz

Pfarrerinnen und Pfarrer „überzeugen durch geistlich-theologische Kompetenz, stiften zum Glauben an" und „machen Lust auf spirituelles Leben", heißt es im Leitbild des Verbandes der Pfarrvereine[33]. Bereits 1947 hatte *Julius Schniewind* dieses Thema aufgerufen und eine ‚geistliche Erneuerung des Pfarrerstandes' eingefordert, im Wesentlichen durch „Zuwendung zur Absolution" sowie zur ‚theologia crucis'[34], der Kreuzestheologie. Weitere Vorstöße in diese Richtung erfolgten durch *Manfred Seitz*[35] und *Klaus Douglass*[36]. Seitz plädiert für ein Theologiestudium, das sich in erster Linie als wissenschaftlich reflektierte Einführung in den Glauben versteht und weniger als religionskritische Erforschung gesellschaftlicher Rede von Gott. Douglass hält die Pfarrerzentrierung bei gleichzeitig mangelhafter Verwurzelung in Gott für das zu überwindende Grundübel gegenwärtigen Gemeindeaufbaus. Ob *Manfred Josuttis'* Mystagogenentwurf allerdings die geistliche Dimension im neutestamentlichen Sinne trifft, wird überprüft werden müssen. Möglicherweise sollten wir mit *Dietrich*

[32] Klarheit und gute Nachbarschaft, EKD-Texte 86.
[33] Pfarrerinnen und Pfarrer in der Gemeinde, aaO 9.
[34] *Schniewind*, Erneuerung, 123-147.
[35] *Seitz*, Beruf des Pfarrers, 218-226.
[36] *Douglass*, Reformation, 131-152. Vgl. ‚Die Erneuerung des geistlichen Lebens, 66-102.

Bonhoeffer doch lieber wieder von ‚Glauben lernen‘ und ‚Nachfolge‘ sprechen[37] als von den durchaus unspezifischen Begriffen des ‚Heiligen‘ im Neutrum oder von der ‚Spiritualität‘. Geistliche Kompetenz hat eben auch Sensibilität für die ‚Unterscheidung der Geister‘ (1Kor 12,10) zu entwickeln, insbesondere für die Abgrenzung christlicher Spiritualität von esoterischen und glaubensinkompatiblen Modetrends.

Wie auch immer hier zu entscheiden sein mag, dass das geistliche Thema wieder auf der Agenda steht, dürfte nicht mehr ernsthaft strittig sein. Sowohl das Gebet in allen seinen Dimensionen gilt es wiederzuentdecken[38] als auch das, was *Michael Herbst* als ‚Sakristeiseelsorge‘ bezeichnet, die Erwartung nämlich, dass „die Predigt Wirkungen hat“, die sich in Seelsorge, Beichte, Segnung etc. möglicherweise sofort im Anschluss an den Gottesdienst manifestieren könnten.[39] Taizegebete, Thomasmessen und Salbungs- bzw. Segnungsgottesdienste belegen ein neues Interesse an der Erfahrbarkeit Gottes, wohl auch deshalb, weil Glaube im abstrakten Behauptungsmodus nicht mehr lange existieren kann.

Halten wir auch in dieser Hinsicht an einem berechtigten Moment der Repräsentationstheorie fest, dann gilt: Subjekt allen geistlichen Dienstes ist Gott im auferstandenen Christus durch den Heiligen Geist. Sein Handeln durch uns dürfen und sollten wir erbitten und erwarten. Mit Ihm darf die ganze Gemeinde rechnen (1Kor 12), also auch seine ordinierten, Ihn ‚repräsentierenden‘ Dienerinnen und Diener, seine „Mitarbeitenden“ (2Kor 6,1) und „Gesandten“ (Joh 20,21; Matth 10,5-15).

Je mehr Pfarrerinnen und Pfarrer ihren Dienst aus dieser Perspektive versehen, desto stärker sind sie vor einem zunehmend in Mode kommenden ‚machbarkeitslastigen‘ Kirchenverständnis geschützt, vor dem *Jörg Halbe* zu Recht warnt.[40] Das Pfarrbild der EKKW bringt diesen Aspekt folgendermaßen zur Sprache: Allem Handeln des Pfar-

---

[37] *Bonhoeffer*, Nachfolge, 28ff; *ders.*, Brief vom 21.7.1944, 182-184.
[38] Vgl. *Haacker*, Siehe, er betet, 233ff und *Ostmeyer*, Gebet, 274ff.
[39] *Herbst*, Mit Vollmacht predigen, 72f.
[40] *Halbe*, Das Elend im Pfarrberuf heute, 194f.

rers oder der Pfarrerin „ist immer schon das Empfangen vorausgegangen“[41].

So gilt: Wir sollen alles tun, was wir in diesem Buch beschreiben. Wir werden es aber vergeblich tun, wenn „der Herr nicht das Haus baut“ (Ps 127,1) und „das Gedeihen gibt“ (1Kor 3,6-9).

[41] Das Amt des Pfarrers und der Pfarrerin, 23.

8. Eignung, Erfolg und Konkurrenz – zu drei Tabus

Lassen Sie uns noch auf drei ‚heiße Eisen' eingehen, die in der gegenwärtigen Diskussion meist der Tabuisierung zum Opfer fallen. Es handelt sich um die Themen Eignung, Erfolg und Konkurrenz.

Etwas können: Personale Kompetenz

Grundsätzliche Eignung

Nicht nur die hohe Zahl der in den letzten zwei Jahrzehnten am Pfarrberuf Interessierten, die in einigen Landeskirchen zu komplexen Auswahlsystemen, etwa mit Hilfe von Assessment-Centern u.a.[1] geführt hat, sondern auch die bedauerliche Zahl von Abberufungen amtierender Pfarrerinnen und Pfarrern aus ihren Gemeinden wegen Ungedeihlichkeit lassen eine neue Reflexion der Eignungsfrage unausweichlich werden. Die Diskussion über die erforderlichen *fachlichen* Kompetenzen ist ein erster Schritt. Ein zweiter steht noch aus. Wer entscheidet eigentlich über die *persönliche* Eignung der Bewerberinnen und Bewerber? Personalgespräche, 10-Jahresgespräche, evtl. verbunden mit dem Rat zum Stellenwechsel, sind zwar wirksame Instrumente. Noch viel besser aber wäre es, Fehlbesetzungen von vornherein zu vermeiden. Die grundsätzliche Eignungsfrage muss daher im Rahmen einer verantwortungsvollen Personalentwicklung wesentlich früher gestellt und geklärt werden. Die Examina prüfen von ihrem Ansatz her *fachliche* Qualifikationen, aber nur teilweise auch *personale* Kompetenzen.

Genau aus diesem Grund hat die EKiR die Zweite Theologische Prüfung mit einigen Praxiselementen versehen – einem Examensgottesdienst, einer Lehrprobe, einem Gemeindeprojekt und einer mündlichen Elementarisierungsprüfung –, in denen einige der erforderlichen personalen Kompetenzen erkennbar werden.[2]

---

[1] Vgl. etwa *Hub*, Motivation zum Theologiestudium, 10ff.

[2] Prüfungsordnung unter: http://www.ekir.de/ekir/dokumente/Handreichung_Vikariat-2008-03.pdf.

In diesem Zusammenhang hatte *Hans-Joachim Thilo* bereits Anfang der 70er Jahre auf ein pastorales Regressionssyndrom hingewiesen:

Unter Theologinnen und Theologen gibt es Menschen, „die in einer besonderen Weise unbewußt sich in ihre infantile Situation zurücksehnen, um sich dort gut aufgehoben zu finden. So sind viele nicht so sehr darauf aus, etwas zu geben, sondern etwas zu bekommen, vor allem Sicherheit von ihrer Kirche. Die Kirche soll so etwas sein wie eine Institution, die sie füttert und umsorgt"[3].

In welcher Größenordnung auch immer mit Problemen dieser Art gerechnet werden kann, in den Blick genommen werden müssen sie. Der rheinische Pfarrbildentwurf stellt daher fest:

„Im Rahmen der festgelegten Prüfungskriterien und Anforderungskataloge kann die fachliche berufsbezogene Qualifikation künftiger Pfarrerinnen und Pfarrer beurteilt werden. Ob Eignungsvoraussetzungen fehlen, kann nur bei den dienstrechtlichen Beurteilungen und Entscheidungen festgestellt werden"[4].

Die EKiR hat daher ein strukturiertes Verfahren für die Aufnahme auf die Liste der Theologiestudierenden sowie die Beratungspflicht für Studierende[5] eingeführt und verlangt Beurteilungen aus den Gemeinden zu den Praktika, zum Vorbereitungs- und zum Probedienst.

Die Frage von Berufung und Eignung wird bereits im Neuen Testament gestellt. Nicht jeder, der will, wird von Jesus in den Verkündigungsdienst genommen. In Lk 9,60-62 und Mk 10,17-27 stimmten die inneren Prioritäten nicht. Nach Matth 7,20 werden die Glaubenden an ‚ihren Früchten erkannt'. Gal 2,4 spricht von ‚falschen Brüdern', und die berühmten Eignungslisten für kirchliche Hauptämter in den Pastoralbriefen zählen sehr konkrete Eignungsmerkmale für Gemeindeleitende auf: ‚untadelig, monogam, nüchtern, maßvoll, würdig, gastfreundlich, didaktisch geschickt, ohne Sucht, gütig, friedliebend, bescheiden, verantwortungsbereit für die Familie, erfahren, mit gutem Ruf in der säkularen Öffentlichkeit', ehrlich und treu (vgl. 1Tim 3,1-13) sollen die Bewerber sein.

---

[3] *Thilo*, Beratende Seelsorge, 33. Vgl. *Hall*, Die Person und Persönlichkeit von Pfarrkandidat/innen – ein psychoanalytischer Blick, 412ff.

[4] Ausführungen, aaO, 13.

[5] Vgl. hierzu *Klessmann*, Theologiestudium, 85ff.

Calvin war der Überzeugung, dass die innere Berufung (*vocatio interna*) eines Menschen erkennbar wird an dessen jeweiliger Gabenstruktur. Wen Gott in einen konkreten Dienst ruft, dem gibt Er auch, es auszurichten.

Im Raum der EKD haben sich die Gliedkirchen im Jahre 1989 im Rahmen der *V. Würzburger Konsultation* auf folgende Aspekte personaler Eignung verständigt: Fähigkeit zur Zuwendung, Kontakt- und Kommunikationsfähigkeit, innere Motivation, Identität, Glaubwürdigkeit, Authentizität und Bereitschaft zu einer Existenz im Pfarrhaus ohne geregelte Arbeitszeiten.[6]

Im Pfarrbildentwurf der EKiR werden neben den oben skizzierten Qualifikationen umfangreiche „Eignungsvoraussetzungen" für den Pfarrdienst aufgeführt: eigene „praxis pietatis", Fähigkeit zur Integration von theologischen Erkenntnissen und persönlicher Existenz, Übereinstimmung von Leben und christlicher Botschaft, Dialog- und Kontaktfähigkeit, Hilfsbereitschaft, Sensibilität für Lebensprobleme, Konfliktfähigkeit, Fähigkeit zur Selbstkritik, geistige Beweglichkeit, Belastbarkeit, Vertrauenswürdigkeit, Engagement, Veränderungsbereitschaft, Teilnahme am öffentlichen Leben.[7]

Zumal im Hinblick auf die von der Kirchenkonferenz im März 2007 beschlossene und im September 2008 bekräftigte ‚Kooperative Personalpolitik zwischen den Gliedkirchen der EKD'[8] wird es künftig unabdingbar sein, dass sich eine ins Vikariat oder in den Probedienst aufnehmende Landeskirche auf die in einer anderen Gliedkirche durchgeführten Eignungsabklärungen verlassen kann.

Individuelle Begabung: Pfarrerinnen- und Pfarrertypen

Zu unterscheiden von der grundsätzlichen Eignung ist die individuelle Begabung und die daraus resultierende Einweisung in eine konkrete Stelle oder zu einem bestimmten Kollegium. Die eingangs charakterisierten Pfarrerinnen- und Pfarrertypen der 70er und 80er Jahre

---

[6] Der Beruf des Pfarrers / der Pfarrerin heute, 2-12.

[7] Ausführungen zum Berufsbild, 4.

[8] Dieses Konzept ermöglicht Querbewerbungen in Vikariat und Probedienst. Über den Stand dieser Öffnung informiert die EKD-Website: www.theologiestudium.info.

lassen sich ja noch weiter ausdifferenzieren. Der gute 4-Augen-Seelsorger ist noch lange kein guter Vorsitzender, der ein 30-köpfiges Presbyterium souverän leitet. Der charismatische kirchenfüllende Alpha-Prediger ist noch lange kein guter Organisator. Die kreative und umsichtige Gruppenleiterin in der Erwachsenenbildung führt noch lange keine effektive Jugendarbeit durch. Und die erfolgreiche Fundraiserin zur Finanzierung der gemeindlichen Tafel hält noch lange keine anrührenden geistlichen Predigten. Hier sind alle möglichen Gabenkombinationen denkbar. Allein: Entsprechen unsere Dienstanweisungen eigentlich unserer individuellen charismatischen Struktur? Viel wäre gewonnen, wenn es zur gabenorientierten Aufgabenteilung, zu ökonomischem Teamwork und zur entlastenden Kooperation zwischen den Pfarrkolleginnen und -kollegen käme.

Was wäre hier zu tun? Kirchen mit zentraler Personalsteuerung müssen ihre Personalentwicklungskompetenz erweitern und verfeinern.[9] Stellenprofile und Persönlichkeits- und Gabenprofile von Pfarrpersonen sind präzise aufeinander zu beziehen, wie *Dieter Becker* zu Recht unter dem Stichwort „Profilierung als Gestaltungsmethode" fordert.[10] Kirchen mit dezentraler Personalpolitik benötigen effektive Befähigungsverfahren für örtliche und regionale Leitungsgremien. Pfarrwahlausschüsse bedürfen professioneller Schulung.

Die Berufung auf Luthers Forderung, dass die Gemeinde das Recht habe, Pfarrerinnen und Pfarrer ein- und abzusetzen, reicht heute nicht mehr aus, und es ist begründet zu bezweifeln, ob dies in der Reformationszeit ausgereicht hat. Luthers Notlösung des landesherrlichen Pseudo-Bischoftums lässt hier anderes vermuten.[11]

Gezielte Personalentwicklung könnte sich wie folgt auswirken: Stellenausschreibungen werden passgenau auf die jeweiligen Gemeinde- und Stellenkonzeptionen ausgerichtet. Personalauswahlverfahren beinhalten professionalisierte Elemente wie strukturierte Interviews u.ä.. Ausbildungsleitungen, Personaldezernate und einstellende Wahlgre-

---

[9] Hier wäre vor allem aus den immer professioneller und vielfältiger werdenden Methoden der systematischen Personalentwicklung zu lernen, vgl. *Krämer,* Personalentwicklung; *Becker,* Personalentwicklung; *Schindehütte,* Theologische Überlegungen, 334ff.

[10] *Becker,* Pfarrberufe, 2008, 529; *ders.*, Pfarrberufe, 2007, 245ff.

[11] Vgl. hierzu *Dietrich,* Wider Kirchenraub und Kläffer, 520ff.

mien kooperieren miteinander, um die richtige Person an der richtigen Stelle zu platzieren. In diesem Bereich sind in den vergangenen Jahren zwar deutliche Fortschritte erzielt worden, gleichwohl bleibt hier noch viel zu tun.

Leistung und Besoldung, Erfolg und Frustration – zum sogenannten ‚Package-Deal'

Erfolg
Worin besteht der ‚Erfolg' im Pfarrdienst? Sowenig die Quantität der Beteiligung am Gemeindeleben etwas über die geistliche Qualität des Dienstes aussagt, genauso wenig verbürgt die äußerliche Erfolglosigkeit, sich mit seiner Verkündigung auf dem Wege der rechten Kreuzestheologie zu befinden. Aus diesem Grunde werden Leistungszulagen in der Pfarrbesoldung immer wieder abgelehnt.[12] Einerseits zu recht, denn wer wollte sich anmaßen, geistliche Effektivität in irgendeiner plausiblen Weise zu messen? Auf der anderen Seite aber kennt das Neue Testament neben der engen Pforte, die nur wenige finden (Matth 7,14), *auch* den Stolz großer Zahlen im Gemeindewachstum (Joh 21,11; Apg 2,41)[13]. Die immer wieder tradierte Behauptung *Schniewinds,* der „normale Erfolg des Wortes Gottes ist der Misserfolg"[14] ist deshalb als revisionsbedürftig zu betrachten.

Die Tatsache, dass Pfarrerinnen und Pfarrer durchaus unterschiedlich befähigt und engagiert sind und doch alle im Grundsatz die gleiche *Besoldung* erhalten[15], wird von der heutigen Generation nicht mehr durchgängig akzeptiert und zeitigt durchaus – trotz Matth 20,1-16 – motivationshemmende Nebeneffekte. Hinzu kommt, was *Hartmann* feststellt:

---

[12] Vgl. Ausführungen, aaO, 13f.

[13] Vgl. hierzu *Reinhardt,* Das Wachstum des Gottesvolkes.

[14] *Schniewind,* Das Evangelium nach Markus, 76.

[15] Vom öffentlichen Dienstrecht her ist die Besoldung nicht als Lohn, sondern als Alimentierung aufzufassen, d.h. Pfarrerinnen und Pfarrer verdienen mit ihrer Arbeit kein Geld, sondern werden vom Erfordernis des persönlichen Broterwerbes freigestellt, um ihren öffentlichen Dienst ausüben zu können. Psychologisch wird die Alimentierung aber immer wieder als ungerechte Bezahlung empfunden, als gleiches Geld für sehr unterschiedliches Engagement.

„Für die pastorale Arbeit an sich ist Lob, Geld, Erfolg, Klima und Schutz sehr gering geworden, was die Zufriedenheit in der Existenz dieses Berufes in der doch so sehr geforderten Identität von Arbeit und Leben aushöhlt“[16].

Hermelink scheut sich daher nicht – wohl wissend, dass geistlicher Ertrag[17] weder erwirkbar noch messbar ist –, einige Facetten pfarramtlichen Erfolges zu benennen:[18]

„das sichtbare Leben der Gemeinde, ihr Finanz- und Beteiligungsaufkommen, auch ihre ‚Lebendigkeit', ihre Kreativität und öffentliche Ausstrahlung. Das alles ist nicht der Erfolg des Glaubens; und dies ist auch [...] nicht allein eine pastorale, sondern immer eine gemeinsame Leistung. Dennoch erscheint es als sachgemäß, daß jener *sichtbare Erfolg der kirchlichen Organisation* nicht zuletzt dem öffentlichen Ansehen – und mitunter auch der kirchlichen Karriere – der Pfarrerin zugute kommt“.

Mit der Frage der Messbarkeit pastoraler Leistung befasst sich auch *Becker.*[19] Sie wird zunehmend angeregt durch die allerorts notwendig gewordenen Finanzdebatten und den daraus resultierenden Kürzungsmaßnahmen. Spätestens die Einführung des Neuen Kirchlichen Finanzwesens (NKF) mit seiner Umstellung auf eine kaufmännische Haushaltsführung erzwingt klare Kosten-Nutzen-Rechnungen. Sie fragen nicht mehr allein nach der Effektivität einer Maßnahme, sondern darüber hinaus nach ihrer Effizienz. Das bedeutet: Nicht nur das Erreichen eines Zieles steht künftig auf dem Prüfstand, sondern ebenso die Frage, ob die zur Erreichung dieses Zieles eingesetzten Mittel in einem angemessenen Verhältnis zu diesem Ziel stehen.[20] Zunächst relativiert Becker das im Grundsatz unbestreitbare und deshalb immer wieder vorgebrachte Verdikt der Unmessbarkeit des Glaubens:

„Der Hypothese ‚Glaube sei nicht messbar' muss entgegnet werden, dass auch Liebe nicht messbar, aber sehr wohl anhand von Kriterien und Merkmalen beschrieben und überprüft werden kann. Jeder Messung bleibt eine Unschärfe eigen. Als Argument spricht dies für die Leistungserfassung, weil

[16] *Hartmann*, Herz, Stress und Professionalität, 354.
[17] *Hermelink*, Wie hat Kirche Erfolg?, 40ff.
[18] *Hermelink*, Pfarrer als Manager?, 563.
[19] *Becker*, Pastorale Leistung messbar?!, in: *ders.*, Kirche als strategische Herausforderung, 131ff.
[20] Vgl. *Krämer*, Personalentwicklung, 73.

sonst pastorale Arbeit der Willkür und dem individualistischen Eigennutz der Amtsinhaber obliegt"[21].

Becker schlägt daher vor, den pastoralen Dienst in spezifischen Kennzahlen zu erfassen und zu bewerten. Parameter sind u.a.:[22]

Beispiel Gottesdienst
Quantitativ: Vorbereitungszeit pro Gottesdienstbesucher, Anzahl der Gottesdienstbesucher nach Altersdekaden im Verhältnis zur Altersstruktur der Gemeinde, finanzieller Aufwand pro Gottesdienst etc.
Qualitativ: Gottesdienstzufriedenheitsindex durch regelmäßige Befragungen, Bewertung des Gottesdienstes durch ein Gremium etc.

Beispiel Seelsorge
Quantitativ: Besuchte Gemeindeglieder pro Jahr zur Gesamtzahl der Gemeindeglieder, Seelsorgeminuten pro Gemeindeglied im Jahr etc.
Qualitativ: Mitgliederzufriedenheitsindex durch schriftliche Befragung nach einer Woche etc.

Sonstiges
Quantitativ: Kosten des Pfarrdienstes pro Tag im Verhältnis zum Gesamthaushalt, Anzahl der Verwaltungsstunden der Pfarrperson pro Monat, erreichte Zielvereinbarungen etc.
Qualitativ: Mitgliederzufriedenheitsindex ermittelt durch Fragebogen, Jugendzufriedenheitsindex ermittelt durch Fragebogen etc.

Eine solche Betrachtungsweise mag vielen Kircheninsidern befremdlich erscheinen. Auch die Durchführbarkeit der vorgeschlagenen Maßnahmen ist anzufragen. Die zugrunde liegenden Fragestellungen halten wir aber insofern für berechtigt, als wir personalentwicklerisch voranschreiten wollen. Nur ein Dienst, der sich darstellen und beschreiben lässt, kann auch angemessen gewürdigt werden, sowohl vom Auftrag der Haushalterschaft her, wie ihn 1Petr 4,10 formuliert, als auch vom reformatorischen Anspruch, des ‚ecclesia semper reformanda', des ständigen Evaluierungsbedarfes der Kirche her.[23] Auf diese Weise lassen sich Stärken und Schwächen identifizieren, die

[21] *Becker,* aaO, 136.
[22] *Becker,* aaO, 137.
[23] Vgl. dazu *Machel,* Erfolgskontrolle von Pastoren?, 429.

durch gezielte Fortbildung einzelner Personen wie auch durch Veränderung der Organisation weiterverbessert oder verringert werden können. Wird Erfolg im Pfarrdienst beschreibbar, hätte dies wohl auch eine erhebliche motivierende Wirkung. Allerdings hängt hier vieles an der Höhe der Messlatte. So wäre durchaus zu fragen, ob nicht die – grundsätzlich zu begrüßenden – Zielvorgaben der EKD-Freiheitsschrift zu hoch sind und gerade dadurch eher kontraproduktiv wirken?

Besoldung als „Leitende geistliche Angestellte"?
Jenseits der Frage nach intrinsischer Motivation[24] ist die Frage der extrinsischen Faktoren nicht zu unterschätzen. Der hohe akademische Anspruch an die Ausbildung und nicht zuletzt deren Länge von durchschnittlich 10 Jahren legitimiert die Diskussion um eine angemessene Besoldung. Definiert man Pfarrerinnen und Pfarrer als „leitende geistliche Mitarbeitende", wie es die EKD-Freiheitsschrift tut,[25] und würde man entsprechende arbeitsrechtliche Regelungen bezüglich ‚leitender Angestellter' zu Grunde legen, ergäbe sich folgende Logik[26]:

Leitende(r) Angestellte(r) ist, wer „regelmäßig [...] Aufgaben wahrnimmt, die für den Bestand und die Entwicklung des Unternehmens oder eines Betriebs von Bedeutung sind und deren ‚Erfüllung besondere Erfahrungen und Kenntnisse voraussetzt, wenn er [sie] dabei entweder die Entscheidung im wesentlichen frei von Weisungen trifft oder sie maßgeblich beeinflusst".[27]

Für die Besoldung hieße dies: Orientierung an einem Gehalt oberhalb des „Dreifache(n) der Bezugsgröße nach § 18 des Vierten Buches Sozialgesetzbuch".[28] Dies ergäbe bezogen auf das Jahr 2008 eine Besoldung von 7455,- in den alten und von 6300,- in den neuen Bundesländern. Um die Vergleichbarkeit dieser Rechnung mit der gegenwärtigen Pfarrbesoldung zwischen A 12 und A 14 zu gewährleisten,

---

[24] Darauf weisen *Nethöfel* und *Schneider* hin, Zwischen Lust und Frust, 155. Zum Thema Motivation vgl. *Sprenger*, Mythos Motivation.

[25] Kirche der Freiheit, 71.

[26] Das folgende nach *Nethöfel / Schneider*, Zwischen Lust und Frust, 157.

[27] § 5 Abs. 3 und 4 Betriebsverfassungsgesetz (BetrVG).

[28] Ebd.

wären allerdings die integrierten Pensionskassenbeiträge und Dienstwohnungssubventionen mit einzurechnen.

Gegengerechnet werden müssen allerdings die Konsequenzen aus der für den Pfarrdienst nicht festgelegten Arbeitszeit. Laut Umfrage arbeiten Pfarrerinnen und Pfarrer durchschnittlich 55 Stunden pro Woche, was viele dauerhaft für zu hoch empfinden[29], Küsterinnen und Küster dagegen ca. 39 Stunden pro Woche. Umgerechnet auf die Stundenvergütung verdienen damit beide gleich viel. Bezogen auf die Lebensarbeitszeit schlägt darüber hinaus zu Buche, dass jene theoretisch mit sechzehn Jahren beginnen könnten, während Pfarrerinnen und Pfarrer in der Regel ihre erste Stelle nicht vor dem dreißigsten Lebensjahr antreten können, vom fehlenden Überstundenausgleich ganz zu schweigen.

Nun wollen wir nicht den Eindruck erwecken, diese Frage müsse im Vordergrund pfarramtlicher Existenz stehen. Allein, dass sie in ihrer faktischen Bedeutung nicht unterschätzt wird, ist unser Anliegen.

Einige Landeskirchen haben mittlerweile begonnen, *Arbeitszeitregelungen* für den Pfarrdienst zu erarbeiten.[30] Welchen Anteil der bislang nicht definierten Dienstzeit eines Pfarrers dürfen oder sollen die Vorbereitung und die Durchführung eines Gottesdienstes in Anspruch nehmen? Die EKBO setzt durchschnittlich acht Stunden an, die sächsische Landeskirche dagegen nur zwei. Dass mit solchen Quantifizierungen zugleich qualitative Maßstäbe gesetzt werden, liegt auf der Hand. Eine intensive exegetische und geistliche Vorbereitung dürfte bei zwei Stunden Bemessungszeit kaum möglich sein. Acht Stunden erfordern demgegenüber einen ganzen Arbeitstag, signalisieren also eindeutig Prioritäten für den pastoralen Dienst in Richtung der Wiedergewinnung des bereits erwähnten ‚pastor legens'.[31]

Wie immer man zu derartigen Fragestellungen – von *Karle* unter dem Begriff des ‚package deal' zusammengefasst – stehen mag, ihre Beant-

---

[29] *Kronast u.a.*, Pfarrberuf, 526.

[30] So beispielsweise die Evangelische Kirche Berlin-Brandenburg-schlesische Oberlausitz, die Evangelische Kirche von Hessen und Nassau sowie die Sächsische Landeskirche, in: Pfarrerin und Pfarrer als Beruf, 14ff.

[31] Vgl. oben Kap.2.

wortung gehört zu den dringenden aktuellen Herausforderungen der Pfarrbilddiskussion, jedenfalls dann, wenn man 1Tim 5,17 auch heute noch für nicht ganz irrelevant hält:

> „Die Ältesten, die der Gemeinde gut vorstehen, die halte man zwiefacher Ehre wert, besonders, die sich mühen im Wort und in der Lehre".

Konkurrenz und Kooperation – Lebensstil der Agape

Alle oben vorgestellten Entwürfe zum Pfarrbild betonen die Notwendigkeit von Kooperation und Teamgeist im Pfarramt.[32] In der Realität erweist sich diese Dimension immer wieder als durchaus polyvalentes Phänomen und die zugehörige Diskussion bisweilen als vermintes Gebiet, besonders in Gemeinden mit mehreren Pfarrstellen. *Michael Klessmann* und *Reiner Knieling* haben sich jüngst dieses brisanten Themas angenommen.[33] Ihr Fazit: Konkurrenz darf weder rein negativ aufgefasst noch dürfen ihre Ergebnisse geistlich überbewertet werden.[34] ‚Con-Currere' heißt vielmehr ‚zusammen laufen' und belebt den Wettbewerb (vgl. Joh 20,4-10), denn bewusste und ‚gebändigte' Konkurrenz befördert die Kooperation:

> „Reines Konkurrenzdenken und die damit verbundenen häufigen Konflikte lähmen die Organisation...; reines Kooperationsdenken im Sinn einer Vermeidung von Konkurrenz und Konflikten und dem Streben nach weitest gehender Harmonie reduziert aber andererseits auch die Kreativität, die Leistungsfähigkeit einer Gruppe, einer Organisation"[35].

Da Konkurrenzverhalten zu unserer menschlichen „Grundausstattung" gehört, sollten wir sie nicht neurotisch verdrängen, sondern kreativ und motivationspsychologisch nutzen. Spielen wir diesen Gedanken einmal an einem biblischen Beispiel durch: Was wäre geschehen, wenn Kain sich am Abend seines geistlichen Frustrationstages die entscheidende Frage gegen den Neid gestellt hätte: Hat mein Bruder

---

[32] Ausführungen, aaO, 5; Das Amt des Pfarrers, aaO, 46; Pfarrerinnen und Pfarrer in der Gemeinde, aaO, 9.

[33] *Klessmann*, Konkurrenz und Kooperation, 368ff; *Knieling*, Konkurrenz in der Kirche, 117-124, *ders.*, Konkurrenz in der Kirche, 2006.

[34] *Knieling*, aaO, 123.

[35] *Klessman*, aaO, 373

möglicherweise etwas besser gemacht als ich selbst? Es sei darauf hingewiesen, dass Gen 4,3f – entgegen gängiger Auslegung[36] – sehr wohl einen Grund dafür angibt, warum Abels Opfer von Gott angenommen worden ist: Er gab nämlich von den ‚Erstlingen seiner Herde'[37], Kain dagegen nur von den ‚Früchten seines Feldes'. Abel gab somit das Beste, das er hatte, Kain lediglich aus seinem ‚Überfluss' (vgl. Lk 21,4). Liest man die Erzählung so, dann hinge der Erfolg Abels mit seinem größeren und qualifizierteren Einsatz für Gott zusammen, wodurch die Annahme bzw. Nichtannahme der Opfer nicht länger einem als ‚freie Gnadenwahl' maskierten Willkürverdacht gegen Gott unterläge. Unterschiedliches Engagement zeitigt unterschiedlichen Erfolg. Was ist in einem solchen Fall zu tun? Nun, Kain hätte am Abend jenes Tages seinen konkurrierenden Bruder Abel nach dem Geheimrezept seines Erfolges fragen, von ihm lernen und dadurch – wie wir neuhochdeutsch sagen – seine geistliche Kompetenz erweitern können. In Anlehnung an einen bekannten Werbeslogan lautet die Leitfrage zur Entwicklung von Kooperation in positiver Konkurrenz: ‚Was hast Du, was ich nicht habe?', oder: in komplementärer Gemeinsamkeit erreichen wir mehr, zumal der geschwisterliche Umgang von Pfarrpersonen ausdrücklich und zu recht von der Gemeinde erwartet wird.[38]

Solche Zusammenhänge wurden bereits in biblischer Zeit reflektiert. *Gerhard Lohfink* hat als elementaren Bestandteil neutestamentlicher Ethik die ‚Praxis des „Miteinander"' eindrücklich dargestellt und gezeigt, welch hoher Stellenwert dem ganz unscheinbaren griechischen Pronomen *allelon,* einander, zukommt[39]:

„mit Ehrerbietung einander zuvorkommen" (Röm 12,10), „Einmütigkeit untereinander suchen" (Röm 12,16), „einander annehmen" (Röm 15,7), „einander die Lasten tragen" (Gal 6,2), „einander in Demut begegnen" (1Petr 5,5),

um nur einige Beispiele herauszugreifen. Überhaupt könnte man den biblischen Begriff der *agape,* Liebe, als ‚Lebensstil gegenseitiger Berei-

---

[36] Vgl. *Westermann,* Genesis, Teil 1, z. St..

[37] Laut *Gesenius* ‚erstgeboren' oder ‚das Vorzüglichste seiner Art'; vgl. auch Hebr 11,4 mit anderer Begründung: „Durch den Glauben hat Abel Gott ein besseres Opfer dargebracht als Kain".

[38] *Dahm,* Pfarrberuf, 25.

[39] *Lohfink,* Wie hat Jesus Gemeinde gewollt?, 116ff.

cherung'[40] umschreiben. Es ist erstaunlich, wie wenig derartige exegetische Einsichten die pastorale Praxis bisweilen prägen. Beschreiben sie doch eine durch den Glauben umgeformte Kultur der konstruktiven Kon-Kurrenz.

Reiner Braun veröffentlichte 2004 unter dem Titel „Geistliche Erneuerung des Pfarrerstandes – Aufbau und Sendung der bekennenden Gemeinde" die ‚Erklärung zur praktischen Arbeit' von 1934[41], die im Rahmen der Bekenntnissynode von Barmen entstand, aber weitgehend unbekannt blieb. Darin wird die solidarische und geschwisterliche Dienstgemeinschaft an die erste Stelle gesetzt: „Die Pfarrer müssen sich in den einzelnen Synoden zu gegenseitigem Dienst aneinander, zur gemeinsamen Arbeit unter Gottes Wort und zum Gebet zusammenschließen und regelmäßig zusammenkommen".[42]

In der Bremischen Kirche haben jüngst *Claudia Schulz* und *Rolf Sänger-Distelmeier* diesem Anliegen mit ihrem Projekt der ‚Kollegialen Intervision im Pfarramt' Rechnung getragen:[43] Pfarrpersonen arbeiten in der Regel „auf einsamen Posten". Durch geplante gegenseitige Besuche und das organisierte und moderierte „Wechselspiel aus Beobachtung und Reflexion" kommt es zu wahrnehmbaren Perspektivwechseln, neuen Lösungen und Optimierungen. Solche kollegialen Intervisionsprozesse können bis zur gabenorientierten Aufgabenverteilung zwischen Kolleginnen und Kollegen führen. Keine und keiner kann alles. Keine und keiner muss alles können. Besser ist, jede und jeder täte, was er oder sie wirklich gut kann.

Wieso übernehmen seelsorglich begabte Pfarrerinnen und Pfarrer nicht einfach die Krankenhausbesuche ihrer Kollegen mit, diese dafür im Gegenzug die eigenen Konfirmanden? Wieso betritt nicht die Kollegin mit dem eindrücklichen Predigtcharisma die gemeinsame Kanzel öfter, dafür übernimmt der Kollege den Gemeinderatsvorsitz zweimal hintereinander? Verfügt keiner der Pfarrkollegen über die Fähigkeit zur strukturierten Sitzungsleitung, dann wird sich die Übertra-

---

[40] Vgl. *Lehnert*, Ehe der Zoff uns scheidet, 17ff; 87ff.

[41] *Braun,* Geistliche Erneuerung des Pfarrerstandes, 156f.

[42] *Ders.,* aaO, 158.

[43] *Schulz / Sänger-Distelmeier,* Kollegiale Intervision, 276ff.

gung des Vorsitzes an eine geeignete Presbyterin als Segen für die kybernetische Aufgabe entpuppen.

Die große Leitungsaufgabe der Charismenkoordination gilt somit nicht allein für die ehrenamtlich Mitarbeitenden, sondern gleichermaßen für die beruflich Mitarbeitenden und damit erst recht für die Ordinierten untereinander. In der Entwicklung der Fähigkeit zur Charismenkoordination, zur kooperativen ‚Konkurrenz' und zur Teamarbeit besteht eine der zentralen Herausforderungen für den Pfarrdienst von morgen. Eine von neutestamentlicher Ethik geprägte Kultur des ‚Miteinander-Arbeitens' und ‚Voneinander-Lernens' würde Pfarrteams fördern, die mehr wären als die Summe ihrer sich gegenseitig lähmenden Teile.

9. Zwischen Amt und Dienst, Privatsphäre und Freizeit – das Pfarrhaus

Die Frage des Evangelischen Pfarrhauses, von Luther und seiner Familie historisch als Nachfolgeinstitution des Klosters konzipiert, in dem christliches Leben exemplarisch und modellhaft, nun nicht mehr monastisch als himmelsbezogene Berufung, sondern familiär als weltbezogener Beruf realisiert werden sollte, ist in mehrfacher Hinsicht in die Diskussion geraten, in theologischer, in finanzieller und in lebenspraktischer Hinsicht.

Das Leben im Pfarrhaus

Das Grundproblem des familiären Lebens im Pfarrhaus[1] besteht in der Gleichzeitigkeit von Untrennbarkeit und Unvereinbarkeit von *Beruf* und *Privatleben.* Sie sind ständig ineinander verschränkt, sowohl zeitlich als auch örtlich und darin in gewisser Weise einem Geschäftshaushalt vergleichbar. Das Leben im Pfarrhaus bedarf einer besonderen Kunst zur Regelung der Dialektik von Nähe und Distanz sowie der Dialektik von Freiheit (Selbstbestimmung) und Unfreiheit (Fremdbestimmung). Pfarrerinnen und Pfarrern muss irgendwie der Balanceakt eines ‚Unvermischt und Ungetrennt' zwischen Dienst und Privatsphäre gelingen.[2]

Eine weitere Herausforderung besteht in der viel traktierten Spannung zwischen *Beruf* und *Berufung.* Wird der Pfarrdienst eher oder zu stark berufsförmig aufgefasst, verliert er an existenzieller Sinngebung, wird er eher oder zu stark als Berufung aufgefasst, verführt er zur Selbstüberschätzung, indem er dazu verlockt, sich allein über das Amt zu definieren. Was ich bin, bin ich in diesem Falle durch das Amt. Zwar scheint die Bekleidung mit dem Amt in Affinität zur Beklei-

---

[1] Vgl. hierzu *Sunnus,* „Leben im Pfarrhaus – schön und belastend zugleich!", 414ff und *Lehnert,* Ehe im Pfarrhaus, 304-307.

[2] Vgl. *Linnenbrink,* Lebensführung kirchlicher Mitarbeiter, 381ff.

dung mit der zugesprochenen Gerechtigkeit Christi zu stehen, in Wahrheit aber wird hier die existenzielle Rechtfertigung der Person durch eine aufgesetzte Amtstheologie ersetzt. Die größte Gefahr aber besteht darin, dass die vermeintliche Berufung durch Gott (*vocatio interna*) scheinbar alles zu legitimieren vermag, auch illegitime Prioritäten wie beispielsweise die Abwertung der Ehefrau durch die Aufwertung der Gemeinde zur ‚Geliebten' – die Priorität des Pfarramtlichen vor dem Privaten – die unbewusste Verwechslung von ‚Gottes Willen' mit meinem eigenen – die Flucht vor privaten Problemen in gemeindlichen Aktionismus. Eine Lösung könnte lauten: Berufung heißt, Gott nimmt mich in Seinen Dienst, nicht ich Ihn in meinen, und: Es gibt auch ein Leben in Primärbeziehungen.

Im Spannungsfeld von *Pfarrberuf* und *Ehe* entstehen eigentümliche Dynamiken. Wie alle Vereine und Interessengemeinschaften kann auch das Gemeindeleben Funktionen einer Art Ersatzfamilie übernehmen, die ihre Faszination vor allem auf ungebundene oder in belastenden Beziehungen lebende Menschen ausübt. Arbeitet eine familiär gebundene Pfarrperson mit ledigen Kolleginnen oder Kollegen zusammen, wird sie schnell merken, dass die Handschriften bezüglich der Terminplanung sehr unterschiedlich aussehen. Angefangen beim gemeinsamen Dienstfrühstück, das ja beim Familienkollegen das Frühstück verdoppelt, bei Ledigen aber möglicherweise ersetzt, bis hin zu Planungen von Abendterminen, Tagungen und Freizeiten. Kalender- und Freizeitkulturen prallen unerbittlich aufeinander. Bei Klausurtagungen mit Übernachtungen schlägt die Stunde der Wahrheit. Wegsein-Müssen und Wegsein-Wollen sprechen zwei unterschiedliche emotionale Sprachen, die von den jeweiligen Partnerinnen und Partnern unbewusst genau verstanden werden. Hier greifen familienbelastende Dynamiken aus dem dienstlichen Umfeld in die Ebene der Primärbeziehungen ein. Pfarrerinnen und Pfarrer müssen so etwas durchschauen, andernfalls könnte ihr Familienleben gefährdet werden.

Ein heikles und meist tabuisiertes Problem stellt der berüchtigte *Ersatzehemanneffekt* dar, in früheren Zeiten etwas despektierlich auch als *Kanzelschwalbensyndrom* tituliert. Der männliche Pfarrer steht an exponierter Stelle inmitten einer Schar überwiegend weiblicher ehrenamtlich Mitarbeitenden. Der sogenannte ‚Hahn-im-Korb-Effekt' führt zur Dauerverletzung der Ehefrau, deren gemeindliches Engagement zwar einerseits heftig eingefordert wird, deren Präsenz an der Seite ihres exponierten Mannes einen gewissen Typ von Kerngemeindlerinnen aber zugleich auch erheblich stört, wie ja überhaupt von Frauen immer noch stärker das unsichtbare Engagement ‚ohne Bühne' und ‚im Schatten des Mannes' erwartet wird – tragischerweise bisweilen auch von Frauen selbst. Hinzu tritt das Phänomen eines viel zu weit gefassten ‚Seelsorgeauftrags', der allerlei legitimiert. Immer wieder kommt es zu einer Art ‚spirituellen Fremdgehens', nämlich dann, wenn professionelle Nähe distanzverletzend mit persönlicher Nähe verwechselt und genossen wird. In dieser Spielart rücken Frauen dem Pfarrer partiell näher als die eigene Frau, die zu Hause gewissermaßen ‚geparkt' wird. Natürlich tritt dieser Effekt in anderen Berufen gleichermaßen auf, allein der hohe ethische Anspruch, den Christenmenschen für sich reklamieren, lässt ihn im Bereich der Kirche besonders unangenehm auffallen. Die Lösung bestünde darin, dass, wie jedes liebende Ehepaar, so auch das Pfarrehepaar nach außen geschlossen bleiben müsste. Nicht im Sinne der Abschottung, wohl aber in dem Sinne, dass der innere intime Bereich, innerhalb dessen beide ‚nackt voreinander' stehen wie Adam und Eva im Paradies (vgl. Gen 2,24), der Gemeinde entzogen bleibt.[3] Welche Effekte bei Pfarrerinnen in dieser Hinsicht auftreten, konnten wir bislang nicht beobachten. Da sie ebenfalls inmitten einer überwiegend weiblich strukturierten Mitarbeitendenschaft tätig sind, sind hier vermutlich andersartige Dynamiken zu erwarten.

Hinzu kommen belastende *äußere Faktoren* wie Zeitstrukturen, Berufsrhythmen, Wochenendarbeit etc. Insbesondere, wenn die beruflichen Rhythmisierungen beider Ehepartner gegenläufig sind und der/die eine gehen muss, wenn der/die andere kommt. Hier heißt die Lösung: Filigranes Zeitmanagement: zwei Telefonnummern, private Termine in den Kalender, eingeplante Zeiten für die Pflege der Beziehung wie Eheabende und ähnliches. Vor allem wäre zu prüfen, inwieweit die gegenseitigen Rollenerwartungen kompatibel sind. Sind sie bewusst? Sind sie plausibel? Sind sie ökonomisch? Sind sie fair ausgehandelt? Sind sie gerecht? Falls nicht, müssen sie neu verhandelt und miteinander neu vereinbart werden.

---

[3] Zu diesem sensiblen Bereich vgl. *Lehnert,* Ehe der Zoff uns scheidet, 81ff; *dies.,* Ehe wir's verlernen, 33ff und 79ff; *dies.,* Ehe im Pfarrhaus, 304ff.

Befinden sich *beide* Ehepartner im Pfarramt, greifen andere Dynamiken wie etwa das Konkurrenzproblem oder die gerechte Revier- und Aufgabenverteilung. Auch Machtfragen spielen eine Rolle. Wer hat die Priorität? Wer spielt die Alpha-Rolle? Teilen sich beide eine Pfarrstelle, befindet sich logischerweise immer nur eine oder einer im Dienst. Die Gemeinde entwickelt aber ganz schnell ein unersättliches Bewusstsein dafür, doch zwei Pfarrpersonen zu ‚haben', wodurch die Abwesenheit der einen zum Makel mutieren kann –, und das ist ganz übel, denn die Gemeinde zahlt weiterhin nur ein Gehalt.

Wir sind überall ersetzbar, nur nicht in unseren Primärbeziehungen. Als Mann unserer Frau und als Frau unseres Mannes sind wir einzigartig, ebenso als Vater oder Mutter unserer Kinder. Wie immer Pfarrerinnen und Pfarrer solche Beziehungsproblematiken für sich lösen, dieses Grundaxiom gilt unumstößlich – auch im Pfarrhaus.

Für *andere Lebensformen* wären Analogien zu entwickeln. Die Synode der EKiR hat auch verpartnerten Pfarrerinnen und Pfarrern die Möglichkeit eröffnet, miteinander im Pfarrhaus zu leben. Eigentlich unnötig zu betonen, dass die Grundprinzipien von Liebe und Partnerschaft sowie der Wahrung der Grenze zwischen beruflicher und privater Nähe hier gleichermaßen gelten.

Pfarrhaus, Präsenz- und Residenzpflicht

Die *theologisch* entscheidende Frage in Bezug auf das Pfarrhaus als protestantische Institution[4] besteht darin, in welcher Weise das Pfarrhaus welches Amtsverständnis abbildet bzw. von welchem Pfarrbild aus es betrachtet wird. Werfen wir hierzu nochmals einen Blick auf den Pfarrbildentwurf aus Kurhessen-Waldeck. Hier steht das Pfarramt als Profession für die „Verheißung der Gegenwart des ewigen Heils"[5]. Nimmt man dies ernst, erhalten sowohl das Pfarramt im Sinne eines öffentlichen Berufes als auch das Pfarramt im Sinne einer ‚Behörde' mit Büro und Sprechzeiten eine geistliche Bedeutung. Dass das Amt der ‚Verheißung' seinerseits eines erkennbaren Ortes bedarf, nämlich des als ‚Pfarr-Amt' aufgefassten Pfarrhauses, ist dann in sich logisch.

[4] *Greiffenhagen*, Pfarrhaus, 1984; *Sunnus*, aaO, 414ff, *Grethlein*, Pfarrer(in)sein, 377f.
[5] Vgl. oben Kap. 2.

Gegenüber dieser hochtheologischen Begründung des Pfarrhauses sei die Frage erlaubt, ob dieses ‚Amt' notwendig durch die familiäre Präsenz auch der Pfarrfamilien konstituiert werden muss. Was spricht gegen ein Büro im Gemeindehaus mit regelmäßigen Sprechzeiten? Möglicherweise würde für viele Gemeindeglieder die Schwelle tiefer liegen, weil sie nicht die Privatsphäre von Pfarrerinnen und Pfarrern betreten müssen, um sie oder ihn konsultieren zu können.

Vertritt man ein anderes Pfarrbild, etwa mit Schwerpunkt der Delegation durch die Gemeinde und der Integration in das Presbyterium, ergeben sich andere Gestaltungsmöglichkeiten. Da nicht das Pfarramt Christus repräsentiert, sondern die ganze Gemeinde als ‚Leib Christi' dies tut, ist auch keine exemplarische Verwirklichung christlicher Existenz in einem stellvertretenden Modellhaushalt erforderlich.

Die *finanziellen* Aspekte der Pfarrhausthematik sind ebenfalls mehrschichtig. Aus der Sicht der Gemeinde stellt das Pfarrhaus zunächst einen Kostenfaktor dar, eine zu unterhaltende Immobilie, deren Sinnhaftigkeit sich längst nicht allen Beteiligten erschließt. Hinzu kommen die unterschiedlichen Anforderungen an die Größe des Pfarrhauses angesichts ganz verschiedener familiärer Situationen.[6]

Aus der Sicht von Pfarrerinnen und Pfarrern ergeben sich weitere Fragestellungen. Auch hier bestimmen nicht unbedingt immer amtstheologische Aspekte deren Verhältnis zum Pfarrhaus. Dort, wo die Dienstwohnung in Analogie zum Ortszuschlag zur Besoldung gerechnet wird, entstehen nämlich je nach Familienstand nicht unerhebliche Unterschiede im Einkommen. In der Regel gilt: Je größer der Wohnbedarf und je ländlicher die Lage, desto günstiger rechnet sich die subventionierte Dienstwohnung.[7] Für Familien lohnt sie sich meist, für Alleinstehende nicht. Wechselt ein Pfarrer mit Familie aus einer Pfarrstelle mit Dienstwohnung in eine Pfarrstelle ohne Dienstwoh-

---

[6] Vgl. Empfehlungen des Rates der EKD und der Kirchenkonferenz zu Fragen des Pfarrhauses, 2002; *Schmidt-Rost*, Präsenz, aaO, 10-23.

[7] Dies könnte dadurch ausgeglichen werden, dass für alle Dienstwohnungen im Bereich einer Landeskirche vergleichbare Konditionen gelten. In der EKiR hat ein derartiges Unterfangen des Finanzamtes zu erheblichen Irritationen geführt, denn zuvor war die Berechnung der steuerlichen Mietwerte von den Finanzämtern der jeweiligen Regionen durchgeführt worden, mit zum Teil erheblichen Unterschieden für die betroffenen Pfarrerinnen und Pfarrer.

nung, wird er sich in aller Regel finanziell verschlechtern, genau wie ein Single, der oder die aus einer Stelle ohne Dienstwohnung in ein geräumiges Pfarrhaus einziehen muss.

Vielleicht wäre der Gemeinde und den Pfarrerinnen und Pfarrern dadurch am besten geholfen, dass beide miteinander vereinbaren könnten, ob sie das Wohnen im Pfarrhaus als Teil des Dienstes begreifen, dann mit der entsprechenden Konsequenz des für die Gemeinde ‚offenen Pfarrhauses' und deutlich reduzierten Kosten für die Pfarrfamilien, oder ob diese in einer Privatsphäre wohnen möchte, dann ohne Subvention und mit Präsenzzeiten im Gemeindebüro.

Arbeitszeit und Arbeitsteilung, funktionale und eingeschränkte Dienstverhältnisse

Stundenplan für die Wochenarbeitszeit

Pfarrerinnen und Pfarrer stehen in der Regel in einem öffentlich-rechtlichen Dienstverhältnis zu ihrer Landeskirche, in einem Dienst- und Treueverhältnis auf Lebenszeit, mit dem großen Vorteil der Unkündbarkeit, großer Zeitsouveränität und mit dem großen Nachteil einer fehlenden Arbeitszeitbegrenzung. Nach einer Online-Befragung im Bereich der EKHN liegt die durchschnittliche Arbeitszeit bei einer Vollzeitstelle bei ca. 55 Wochenstunden, bei einer halben Stelle bei ca. 33 Wochenstunden.[8] Grundsätzlich sind Pfarrpersonen immer im Dienst. Zwar haben sie das Recht, und u.E. auch die Pflicht, dienstfreie Zeit einzuplanen[9], gleichwohl hören sie in dieser Zeit nicht auf, Pfarrerin oder Pfarrer zu sein. Wenn das Telefon klingelt und ein seelsorglicher Notfall ansteht, dann haben sie ihrer Dienstpflicht nachzukommen, ebenso wie ein Arzt oder eine Heilpraktikerin nicht von ihrer Verpflichtung zur Hilfe befreit sind, wenn sie auf ihrer privaten Fahrt in die Ferien an einer Unfallstelle vorbeikommen. Darin gibt sich der Pfarrberuf als Profession zu erkennen. Der Pfarrdienst bedarf also einer guten Fähigkeit zur Selbstorganisation und zum Zeitmanagement. Er bedarf der Fähigkeit, Wichtiges von Unwichtigem unterscheiden zu können und Dringliches von Aufschiebbarem. Sein großer Vorteil kann zu seinem

---

[8] *Nethöfel / Schneider,* Lust und Frust, 156.

[9] Vgl. hierzu vor allem die Einführung der Sechs-Tage-Woche für den Pfarrdienst im EKU-Dienstrecht § 48, Abs. 2.

großen Nachteil werden. Der Vorteil besteht in seiner Freiheit, einen Großteil der Tagesaktivitäten autonom planen und gestalten zu können. Der Nachteil besteht in der fehlenden Fremdlegitimation des Nein-Sagens, auch vor sich selber. Alle signalisieren großes Verständnis, wenn die Pfarrerin oder der Pfarrer kürzer treten müssen, nur für den eigenen Interessensbereich, da gilt das nicht.

Bewährt hat sich in diesem Zusammenhang ein *Dienststundenplan* für die Woche. Alle festen Termine inklusive Vorbereitungszeiten werden eingetragen. Für Unvorhergesehenes wie Beerdigungen oder seelsorgliche Notfälle werden Zeitbudgets eingeplant, ebenso wie Freiräume für Studienzeiten und private Angelegenheiten. Dieser Stundenplan wird mit der Gemeindeleitung im Rahmen regelmäßiger Zielvereinbarungsgespräche abgestimmt. Werden Änderungswünsche seitens der Gemeinde vorgetragen, werden die Realisierungsmöglichkeiten anhand dieses Wochenkalenders ausgelotet. Dafür gilt die Leitfrage: „Welche der bisherigen Aktivitäten sind zugunsten der neuen Aufgabe zu streichen oder zu delegieren?". In der Regel wird dem Leitungsorgan in solchen Gesprächen erst klar, was ein Pfarrer oder eine Pfarrerin den ganzen Tag tut. Auf diese Weise wird der durch ständigen Legitimationsdruck verursachte Stress erheblich reduziert – ein Segen für alle Beteiligten.

Arbeitsteilung und Konzentration auf die Kernkompetenzen
Das oben vorgetragene Konzept der Charismenkoordination gilt nicht nur für die Mitarbeitenden, es gilt auch für die Pfarrpersonen untereinander. Wer kann eigentlich was besonders gut, was gut, was weniger gut und was gar nicht? Gelingt die funktionale Aufteilung der unterschiedlichen Dienste innerhalb von Pfarrerinnen- und Pfarrerteams, wäre der Effekt ein doppelter: Durch mangelnde Fähigkeiten verursachte Frustrationen würden erheblich reduziert, der durch die Konzentration auf Kompetenzen generierte Ertrag würde erheblich erhöht.
In der Unternehmensberatung gilt die Regel: 80% unseres Einsatzes generieren 20% unserer Wirkung, und 20% unseres Einsatzes generieren 80% unserer Wirkung. Reduzieren wir also unser Engagement auf denjenigen Handlungsfeldern, zu denen uns Kompetenz fehlt, und verstärken wir unseren Einsatz auf Gebieten, auf denen wir gut sind! Es ist besser, die eigenen Konfirmandinnen und Konfirmanden der didaktisch begabteren Kollegin anzuvertrauen, als sie durch eigene Unfähigkeit ein Leben lang für den Glauben zu immunisieren. Predi-

gerinnen und Prediger sollen predigen, Seelsorgerinnen und Seelsorger sollen seelsorgen, und Managerinnen und Manager sollen managen, und zwar

> „ein jeder und eine jede mit der Gabe, die er oder sie empfangen hat" (1Petr 4,10).

Professionalisieren wir die 20% der unseren Gaben entsprechenden Aufgabenbereiche in einer kooperativen und geistgelenkten Aktivierung und Koordinierung – innerhalb des Allgemeinen Priestertums im ‚Dienst', innerhalb einer kollegialen Aufgabenverteilung im ‚Amt' –, die Wirkung wäre vermutlich immens.

In diesem Zusammenhang sei auf einen Vorschlag hingewiesen, der sich im Perspektivpapier der EKHN findet. Hier wird für eine *Reduktion der Präsenz von Pfarrerinnen und Pfarrern in den Gemeindehäusern* plädiert. Diese sollen wieder werden, was sie einmal waren, nämlich Orte der Selbstorganisation des Allgemeinen Priestertums. Pfarrerinnen und Pfarrer sind demgegenüber öffentlich zuständig für die gesamte Gemeinde und keine Entertainer der sogenannten Kerngemeinde oder des Vereinslebens einzelner Gruppen.[10] Und in der Tat, arbeitsökonomisch betrachtet bedienen nicht wenige Pfarrerinnen und Pfarrer im Laufe der Woche in beträchtlichem Umfang immer wieder denselben kleinen Personenkreis und befördern damit die von *Grethlein* beklagte ‚Verkirchlichung', besser ‚Verkerngemeindlichung' des Pfarramtes, ein Phänomen, dass *Manfred Fischer* schon vor vielen Jahren in eine Provokation gefasst hat:[11]

> „Eine Kirche hatte hundert Schafe.
> Neunundneunzig hat sie verloren inzwischen.
> Sie haben sich verlaufen – irgendwohin.
> Sie ließ aber das eine nicht zurück in der Wüste,
> wie Jesus erzählt,
> um die verlorenen zu suchen.
> Sie blieb
> und hütete das eine.
> Und niemand freute sich mit ihr."

---

[10] Perspektiven These 4, aaO, 43; vgl. Dahm, Frust 236.

[11] *Fischer*, So stabil ist die Kirche, 14.

Dass seit vielen Jahren neue Formen öffentlicher Präsenz des Amtes und seiner Verkündigung gesucht und entwickelt werden, ist daher völlig richtig und absolut notwendig. Warum? Damit das Evangelium als das wahrgenommen wird, was es ist: die öffentliche Proklamation der „freien Gnade Gottes [...] an alles Volk“ (Barmen 6).

Funktionspfarrämter

Genau aus diesem Grund denkt die Praktische Theologie seit geraumer Zeit unter anderem über ein Konzept unterschiedlicher kirchlicher Orte (*Pohl-Patalong*) bzw. kirchlicher Betreuungsräume (*Becker*) nach.[12] Die Konzentration auf die Parochie und die Kerngemeinde und den damit verbundenen Gemeindepfarrdienst führt letztlich eben doch zu einem Modell der ‚ecclesiola in ecclesia‘, einer Art Freikirche in der Volkskirche mit ausgeprägter Komm-Struktur. Sowohl das Allgemeine Priestertum als auch das Pfarramt müssen aber in gleicher Intensität eine Geh-Struktur entwickeln, um das Evangelium dort zur Sprache zu bringen, wo die Menschen „leben und weben“ (Apg 17,28). Das Allgemeine Priestertum tut dies, indem es christliche Lebenspraxis in seine Alltagsbezüge einbringt. Dem dient das Gemeindepfarramt durch seine katalysatorische Trainerfunktion. Das besondere Amt tut dies, indem es sich einerseits selbst um Öffentlichkeit bemüht, sich aber anderseits in viele unterschiedliche lebensbezogende Funktionsdienste diversifiziert. Mittlerweile sind über 30% der Pfarrerschaft übergemeindlich tätig, überwiegend im Schuldienst und in Krankenhäusern, also im Bildungs- und im Gesundheitssystem.[13] Dies kann als „Versuch verstanden werden, die im Laufe des gesellschaftlichen Differenzierungsprozesses fortschreitende Reduktion pastoraler Tätigkeit auf den innerkirchlichen Bereich unter den Bedingungen gesellschaftlicher Differenzierung jedenfalls teilweise zu korrigieren“[14].

Gemeindepfarrerinnen und Funktionspfarrer müssen sich von daher als notwendige und weiter zu entwickelnde Ausdifferenzierung des *einen* besonderen Amtes verstehen und unbedingt Wege der Kooperation beschreiten. Immerhin ist der Funktionspfarrer ja zugleich auch Mitglied einer Parochie, und die Konfirmandinnen und Konfirman-

[12] *Pohl-Patalong,* Kommunikation, 25ff; *Becker,* Pfarrberufe, 286ff; *Asmus,* Pfarrer, 52.
[13] *Grethlein,* Pfarrer(in)sein, 383.395ff; *Pohl-Patalong,* Krankenhaus, 39ff.
[14] *Ders.,* aaO, 396.

den einer Gemeindepfarrerin sind zugleich Mitglieder einer Schulgemeinde. Da die theologische Grundaufgabe gleich ist – nämlich die Kommunikation des Evangeliums in den unterschiedlichsten Lebensbezügen –, kann es hier von der Sache her überhaupt keine negative Konkurrenz geben, allenfalls im Bereich menschlicher Eitelkeiten, die aber in geistlicher Hinsicht in eine vorchristliche Existenz gehört, deren Überwindung der Pfarrdienst gerade vorantreiben soll (Eph 4,17-32).

Eingeschränkte Dienstverhältnisse
Teildienstverhältnisse stellen vor Herausforderungen eigener Art.[15] Einerseits kommen sie privaten Verpflichtungen wie der Vereinbarkeit von Beruf und Familie sehr entgegen und bieten in dieser Hinsicht große Chancen, anderseits rufen sie die Frage nach verlässlichen Arbeitszeitregelungen auf den Plan. Diese Frage aber ist bislang bis auf die oben erwähnten Ansätze ungeklärt. Und weiter: In welcher Hinsicht ist ein Pfarrer während seiner Tätigkeit im säkularen Zweitberuf immer noch ‚im Amt', nimmt also seine *Profession* mit in seinen *Beruf*? Inwieweit begünstigt der Teildienst seinerseits eine Veränderung des Pfarrberufs weg von der Profession hin zur Berufsförmigkeit? Hinzu kommt die Frage der Vertretung. Pfarrerinnen und Pfarrer mit Vollzeitstelle müssen ihre Kolleginnen und Kollegen im eingeschränkten Dienst vertreten, arbeiten also ständig über ihre eigenen 100% Dienstumfang hinaus, was auf Dauer zu Frustrationen und Unwilligkeiten führen kann.

[15] *Ders.*, aaO, 384; vgl. *Wagner-Rau*, Umgang, 529ff. Zu den rechtlichen Aspekten vgl. *Sommer*, Teildienstverhältnisse, 2007.

10. Supervision, Geistliche Begleitung, Coaching

Supervision gehört inzwischen zum selbstverständlichen Repertoire der den pfarramtlichen Dienst unterstützenden Maßnahmen. Abgesehen von der immer wieder auftretenden Problematik, dass sie gerade von denjenigen, die sie am nötigsten hätten, nicht in Anspruch genommen wird, hat sie in allen Kirchen innerhalb der EKD breite Akzeptanz gefunden.[1] Dabei arbeitet Supervision mit folgenden anthropologischen Annahmen:[2]

- Sie relativiert das immer noch wirksame ‚homo-faber-Konzept' des alles konstruierenden Menschen dadurch, dass die Dimension des Empfangens und des Sich-Verdankens ins Spiel gebracht wird.
- Sie reduziert den Effektivitätswahn durch die Dimension des Reifen-Lassens.
- Sie rückt das ursprünglich emanzipatorisch ausgerichtete Autonomie-Konzept des Menschen zurecht, indem sie dessen Verabsolutierung verhindert.
- Sie weist den Menschen demgegenüber in den Referenzrahmen seiner Relationalität, seinem In-Beziehung-Stehen, indem sie dessen Autonomie *und* dessen Bezogenheit fördert.
- Und schließlich bewahrt sie den modernen Begriff der Ganzheitlichkeit vor seiner perfektionistischen Missdeutung.

Identität ist zwar auf allen Ebenen der Person zu entwickeln, immer aber unter dem Vorbehalt ihrer grundsätzlichen Vorläufigkeit und ihrer bleibenden Unabgeschlossenheit. Unser Leben ist und bleibt unausweichlich fragmentarisch (vgl. Jer 17,9; Röm 3,23; 7,14-25).

Das Bedürfnis nach geistlicher Leitung bringt in jüngster Zeit einen neuen kirchlichen Arbeitsbereich hervor: *Geistliche Begleitung.* Soll der geistliche Dienst dezidiert als *geistlicher* Dienst wahrgenommen

---

[1] Vgl. *Klessmann / Lammer,* „Das Kreuz mit dem Beruf. Supervision in Kirche und Diakonie, 2007 und: Die Zukunft der Supervision zwischen Person und Organisation, 2004.

[2] Vgl. *Klessmann,* Sinndimension, 15ff.

werden, bedarf die Pfarrerin oder der Pfarrer selbst der Einübung in geistliches Leben. In früheren Zeiten eher als zu intime Frage tabuisiert, steigt seit geraumer Zeit das Interesse an spirituellen Fragen. Die Evangelischen Landeskirchen Hannover und Bayern bieten bereits während der theologischen Ausbildung sogenannte ‚Geistliche Begleitung' an. Die Evangelische Kirche im Rheinland hat eine eigene Ausbildung zum Geistlichen Begleiter oder zur Geistlichen Begleiterin eingerichtet. Neuerdings wird das Konzept der Geistlichen Begleitung in einer zusammenfassenden Darstellung anschaulich beschrieben.[3] Ihr zentrales Anliegen besteht darin,

> „frei zu werden für den Anruf Gottes (Stichwort: Berufung), fähig zu werden, Gottes Wirken im eigenen Leben wahrnehmen zu lernen (Stichwort: kontemplative Grundhaltung), um so am Aufbau des Reiches Gottes mitarbeiten zu können (Stichwort: Sendung)".[4]

Hatte die Einführung humanwissenschaftlicher Fragestellungen und Methoden in die Theologie die Förderung menschlicher Kompetenzen zur Folge – und auf diesem Gebiet Erreichtes darf auf keinen Fall aufgeben werden –, so will Geistliche Begleitung neu für die Dimension des Handelns Gottes in und durch unseren Dienst sensibilisieren.[5] Hier wird die alte Repräsentationsvorstellung gleichsam entdogmatisiert und in neuer Weise belebt. Es geht darum, dass Amtsträgerinnen und Amtsträger glauben, hoffen und erwarten, dass der lebendige Gott in und durch ihre dienstliche Vollzüge handelt und wirksam ist. Den Ertrag ihres Dienstes erwarten sie letztlich nicht von sich selbst und ihren eigenen Kompetenzen, so wichtig der gabengemäße Einsatz auch ist, sondern von Gott selbst (Phil 2,13). Dieser Gott ist als liebevoll Handelnder zu erwarten, ganz wie Er seinerzeit Mose versprach:

> „Ich werde der sein, als der ich mich erweisen werde" (Ex 3,14)[6].

---

[3] Wenn die Seele zu atmen beginnt, Leipzig 2007; vgl. *Zimmerling,* Plädoyer für eine neue Einheit von Theologie und Spiritualität, 130ff.

[4] Seele, aaO, 19.

[5] Nicht nur die quantitative Überlastung, sondern auch oder vielleicht gerade die Vernachlässigung dieser geistlichen Dimension befördert ‚burn out' im Pfarrdienst. Wie es dazu kommt und wie man dem wehren kann, dazu hat *Heinzpeter Hempelmann* wertvolle Hinweise in seiner ‚kleinen Pathologie geistlichen Hörens' zusammengestellt, vgl. *ders.,* Wenn die Bibel nicht mehr spricht, 280ff.

[6] Vgl. *Zimmerli,* Grundriß, 12-15.

Wozu sind Pfarrerinnen und Pfarrer berufen? Unter anderem zur öffentlichen Verbreitung dieser Hoffnung und zur Bezeugung dieser Erfahrung!

Aus der Unternehmensberatung hat sich mittlerweile ein weiteres neuhochdeutsches Schlagwort etabliert: *Coaching.* Coaching wird im Unterschied zur Supervision, die distanzierter und mehr frei reflektierend arbeitet, als Einübung und Training in neue Verhaltensweisen aufgefasst[7]. Zwar sind die Übergänge fließend, gleichwohl steht beim Coaching weniger die Balance zwischen Autonomie und Bezogenheit im Vordergrund als vielmehr die handwerkliche Verbesserung bestimmter professioneller Verfahrensschritte. Hier lauert aber auch eine Gefahr. Möglicherweise spiegelt sich im gegenwärtigen Coaching-Boom sogar „die gesellschaftlich-kapitalistische Tendenz, Effizienz, Ziel- und Lösungsorientierung um beinahe jeden Preis zu fördern“[8], zumindest dann, wenn die Beratung der Person als solcher zurücktritt.[9]

Annegret Böhmer charakterisiert Coaching zugespitzt als Beratung für „Gewinnertypen“, deren Basiskompetenz die Ressourcenorientierung ist, eine bislang zu Unrecht vernachlässigte Größe: „Die eigenen Ressourcen hervorzuheben, gilt eher als unschicklich und oberflächlich. Die eigenen Probleme zu kommunizieren, gilt als ehrlich und tiefgründig“[10]. Darin, dass man dieser Diagnose kaum wird widersprechen können, dürfte wohl ein wesentlicher Grund für den gegenwärtigen Erfolg des Coachings liegen.

Neigt die Supervision zur Betrachtung der eigenen Subjektivität (ich betrachte mich selbst), so das Coaching zur Förderung der Effektivität (ich optimiere mein Können). Falsch verstandene Geistliche Begleitung wiederum birgt das Missverständnis der Passivität in sich (Gott bewirkt alles). Konstruktiv wäre wohl das komplementäre Zusammenspiel aller drei Aspekte: Der Ertrag geistlichen Dienstes ist immer

---

[7] *Böhmer,* „Coaching ist für Gewinnertypen“, 299; *dies.,* Coaching in der Kirche; 327ff; vgl. *Schreyögg,* Coaching, 2003.

[8] *Klessmann,* aaO, 21.

[9] *Krämer,* Personalentwicklung, 54f.

[10] *Böhmer,* aaO, 299. 301.

als mehrdimensionale Einheit von Gottes Handeln und menschlicher Kompetenz zu begreifen. Wohl aus diesem Grund bezeichnet sich der Apostel Paulus ausdrücklich als „Mitarbeiter Gottes“ (2Kor 6,1), durch den aber letztlich Gott selber wirkt (Joh 15,4f; 2Kor 5,20; 12,8; Phil 4,13).

11. Einige weitere Vorschläge zur Zukunft des Pfarrberufes

Gezielte Personalentwicklung

Personalentwicklung
geht deutlich über Aus- und Fortbildung hinaus: „Personalentwicklung umfasst alle Maßnahmen der Bildung, der Förderung und der Organisationsentwicklung, die von einer Person oder Organisation zur Erreichung spezieller Zwecke zielgerichtet, systematisch und methodisch geplant, realisiert und evaluiert werden".[1]
Betrachten wir diese Definition ein wenig genauer, fällt sofort die Fokussierung aller Maßnahmen auf die „Erreichung spezieller Zwecke" auf. Genau aus diesem Grund haben wir für dieses Buch den Titel ‚Berufen wozu?' gewählt. Wozu sind eigentlich Pfarrerinnen und Pfarrer da? Wozu muss es sie geben? Was soll durch ihren Dienst bewirkt oder erreicht werden? Erst wenn eine Gemeinde oder eine Kirche einen Konsens zur Beantwortung dieser Frage gefunden hat, kann sie gezielte Personalentwicklung betreiben. Sollen sie die Kerngemeinde stabilisieren, oder sollen sie neue Menschen für das Evangelium gewinnen? Sollen sie durch Gottesdienst und Predigt der Gemeinde Heimat geben oder sie in den Exodus rufen? Sollen sie durch die Rechtfertigungsbotschaft den alten Menschen im Alten verharren lassen – jetzt nur beruhigt –, oder sollen sie Wege zur Neuwerdung aufzeigen, was ganz schön beunruhigen kann? Sollen sie der Gemeinde dienen, indem sie diese *be*dienen – was ja auch nicht wenige Gemeindeglieder erwarten –, oder sollen sie die Gemeinde, wie wir es vorschlagen, ihrerseits in den Dienst rufen, sowohl in die Bewährung ihres Christseins in ihrem eigenen Alltag als auch in den ehrenamtlichen Dienst der Kirchengemeinde? Letzteres ist unser Vorschlag: Pfarrerinnen und Pfarrer sind berufen in ein besonderes Amt zur Entfaltung, Förderung und Koordination des Allgemeinen Priestertums. Personal, auch geistliches Personal kann nur entwickelt werden, wenn klar ist, für welche Aufgabe mit welchem Ziel.

[1] *Becker,* Personalentwicklung, 3.

Ansonsten bleibt alles irgendwie zufällig. Insofern gehört eben neben der „Bildung“ auch die „Organisationsentwicklung“ zur gezielten Personalentwicklung.

Fortbildung
Neben der ständig modifizierten theologischen Ausbildung[2] muss es zur Optimierung der Fortbildung kommen, etwa durch ein gezieltes und individuell abgestimmtes FeA(Auschreiben!)-Curriculum.[3] Das Portfolio-Modell der Schweizer Konkordatsreform bietet hier viele Anregungen.[4] Es fragt: Wo sind individuelle Defizite auszugleichen, und wo sind besondere Stärken zu fördern und möglicherweise bis zur Meisterschaft zu veredeln? Dabei wäre allerdings die Optimierung der Kompetenzen und Fähigkeiten nicht allein von der subjektiven Gabenstruktur her zu betreiben, sondern ebenso auf den erwünschten Zieleffekt hin. Erhebt eine Kirche ein missionarisches Programm zu ihrer Zielvision, müsste sie ihre Pfarrerinnen und Pfarrer auch flächendeckend in missionarischer Kompetenz fördern. Bestimmt sie Jugendarbeit zu ihrer nächsten Priorität, wären wohl Jugendstudien, Entwicklungspsychologie u.ä. an der Reihe. Fortbildung kann kein persönliches Hobby sein. Fortbildung ist eine Maßnahme der Personalentwicklung, um die mehrheitlich – also presbyterial oder synodal – vereinbarten ‚Unternehmensziele‘ zu erreichen. *Dorothea Greiner* resümiert treffend: Die Kirche braucht Pfarrerinnen und Pfarrer, die „bereit sind, Zeit ihres Lebens zu lernen – theologisch-fachlich, persönlich-kommunikativ und christlich-spirituell“[5].

Organisationsentwicklung
Hier geht es um die strukturellen Voraussetzungen der Personalentwicklung. Es muss gewährleistet werden, dass das Profil der Pfarrperson und das Profil der Pfarrstelle zueinander passen. Hierzu hat *Dieter Becker* weiterführende Vorschläge[6] vorgelegt, die in Kirchen mit zentraler Personalsteuerung möglicherweise leichter zu realisieren sind als in Kirchen mit dezentralem Personalwesen. Gremien, die Personal-

---

[2] Vgl. hierzu: Theologische Ausbildung in der EKD; *Lehnert,* Zur Reform der theologischen Ausbildung, 134ff.
[3] Vgl. *Zippert,* Die Bedeutung der Fortbildung in den ersten Amtsjahren (FEA), 490ff.
[4] Vgl. www.konkordatsreform.ch
[5] *Greiner,* Welche Pfarrerinnen und Pfarrer braucht die Kirche der Zukunft?, 234.
[6] *Becker,* Pfarrberufe (2007), 245ff.

entscheidungen auf Lebenszeit treffen, müssen beachten, dass subjektive Eindrücke eines kurzen und möglicherweise unprofessionell vorbereiteten Vorstellungsgespräches über eine Lebenszeitverbeamtung entscheiden, die durchschnittlich 35 Jahre währt und ca. 3,5 Millionen Euro kosten wird.[7]

Durchlässiger Stellenmarkt
Es geht nicht mehr an, dass die Gliedkirchen der EKD einerseits die geistliche Mitverantwortung für die ‚Einheit der Kirche' in ihre Ordinationsvorhalte aufnehmen, anderseits aber immer noch keinen gemeinsamen offenen Stellenmarkt haben. Immerhin hat die Kirchenkonferenz der EKD das aus der Ausbildungsreferentenkonferenz hervorgegangene Konzept der ‚Kooperativen Personalpolitik zwischen den Gliedkirchen der EKD' verabschiedet.[8] Dieses Konzept sieht vor, dass sich junge Theologinnen und Theologen nach der Ersten Theologischen Prüfung grundsätzlich in allen Landeskirchen um ein Vikariat bewerben können und Vikarinnen und Vikare nach der Zweiten Theologischen Prüfung in allen Landeskirchen um die Aufnahme in den Probedienst. Wir plädieren für einen offenen Stellenmarkt. Jede Pfarrerin und jeder Pfarrer muss sich grundsätzlich auf jede freie Stelle innerhalb der EKD bewerben können. Denn wenn der zufällige Ort der Geburt oder des Abiturs künftige Berufsmöglichkeiten a priori regional einschränkt, ist letztlich der Taufe ihre Universalität und damit der Kirche ihre Katholizität genommen. Nicht zuletzt wäre dies eine unzulässige Einschränkung des sogenannten Missionsbefehls, der unmissverständlich ein wesentlich größeres Missionsfeld im Blick hat als das Gebiet der eigenen Herkunftskirche (Mt 28,19).
Im Übrigen wäre in diesem Zusammenhang darüber nachzudenken, ob nicht die Leuenberger Kirchen über ihre gegenseitige Ordinationsanerkennung hinaus auch zu einem Personalaustausch und einem gemeinsamen Stellenmarkt kommen müssten. Die EKiR hat diesbezüglich einen Vertrag mit der reformierten Kirche Frankreichs abgeschlossen und erste Gespräche mit einigen Schweizer Kantonalkirchen aufgenommen. Ein entsprechender Vertrag mit der reformierten Kirche Ungarns steht vor dem Abschluss.

---

[7] Zum Ganzen vgl. *Becker*, Kirche als strategische Herausforderung, 112ff.
[8] Vgl. oben Kap. 8.

Weitere Herausforderungen der sogenannten Postmoderne lassen sich benennen. Sie auszuführen hieße allerdings, ein neues Buch zu schreiben. Deshalb seien sie hier nur kurz skizziert:

1. Wie wird die künftige *Öffentlichkeits-Repräsentation* bei abnehmender Volkskirchlichkeit aussehen? Was geschieht eigentlich, wenn auch die letzten Monopole des Pfarrdienstes wie Beerdigungen und Taufen gefallen sein werden und – je nach Region unterschiedlich – auch den letzten Pfarrpersonen schmerzlich bewusst geworden sein wird, dass das „Amt", von dem wir in diesem Buch handeln, nur noch in der Wahrnehmung der Kerngemeinde existiert, keineswegs aber mehr in der säkularen Öffentlichkeit? Wie werden wir das Amt nach außen neu in Szene setzen, und zwar so, dass die Menschen neugierig werden?

2. Wie stoppen wir die Mutation des Pfarrberufs in Vereinsmeierei? Pfarrerinnen und Pfarrer üben einen *theologischen* Beruf (*Grethlein, Grözinger, Karle*) aus und keinen Freizeitunterhalterjob. Möglicherweise läge ein Ansatz doch weniger in der Meidung der Gemeindehäuser (EKHN), sondern in dem Versuch der Neuausrichtung von Kerngemeindegruppen nach außen. Gewiss liegt deren Berechtigung in einer Hinsicht in ihrem Anliegen der Selbstvergewisserung (Bibelstudium, Gebet, Seelsorge etc.), ihr Auftrag liegt aber im Dienst an den Menschen. Hier käme die Trainermetapher aus dem Eph4-Modell zum Tragen. Pfarrerinnen und Pfarrer bedienen kein geistliches Freizeitprogramm. Besuchsdienste, Jugendteams, Chöre, Umweltgruppen u.ä. sind nicht für sich selbst da, sondern für den Dienst an anderen Menschen. Daraufhin hat das Amt katalysatorisch zu wirken. Es wirkt nach innen, damit das Allgemeine Priestertum nach außen geht. Nach diesem Konzept würden Gemeindehäuser gewissermaßen zu Trainingslagern zur Vorbereitung auf den Außendienst und Gottesdienste zur Vollversammlung der Mitarbeitenden.

3. Wie schaffen wir es, unsere *‚große Erzählung'* von Gott neu ins gesellschaftliche Bewusstsein einzuspeisen in einer Zeit, die dabei ist, sich aller ‚großen Erzählungen' zu entledigen, indem sie den „Verdacht gegen die großen Erzählungen"[9] kultiviert? Wohl dadurch, dass

[9] *Grözinger,* Kirche, 16ff.

wir unseres „Amtes der Erinnerung“[10] walten: Unsere Erzählung können wir nicht länger als bekannt voraussetzen, um an etwas anzuknüpfen, das gar nicht mehr da ist. Wer das Wesen seines Dienstes darin sieht, die Menschen ‚in Ruhe zu lassen‘ aus Angst, ihnen etwas ‚überzustülpen‘, und daher nichts mehr an sie heranträgt, der wird auf Dauer Legitimationsprobleme bekommen. Denn wofür versehe ich ein öffentliches Amt, wenn ich gar nichts mitzuteilen habe?

4. Wie können wir dies schaffen, ohne mit unserer Erzählung erneut *binäre* Strukturen zu erzeugen und überkommene *Unversöhnlichkeiten* zu zementieren? Wohl dadurch, dass wir uns nochmals bewusst machen: Das Evangelium zu bezeugen heißt nicht recht haben um jeden Preis. Und dass ‚Mission in pluralistischer Gesellschaft‘[11] immer bedeutet, die eigene Lernfähigkeit dialogisch zu realisieren, dürfte wohl mittlerweile konsensfähig sein.

5. Wie wird es uns gelingen, das Evangelium von der *Offenbarung* Gottes im Juden Jesus von Nazareth, den wir als den Christus, den Messias Israels glauben, so zu kommunizieren, dass es einerseits an die immer schon vorhandene Religion in der Gesellschaft anknüpft[12], ohne anderseits im Strom der sogenannten neuen Religiosität[13] zu versickern? Möglicherweise wäre es hier nicht ganz unklug, die alte Unterscheidung *Karl Barths* zwischen Religion und Glaube nochmals zu aktualisieren, jetzt unter Hinzunahme religionspsychologischer und religionswissenschaftlicher Erkenntnisse.

6. Und schließlich: Wo verläuft der schmale Pfad zwischen immer wieder neu aufgelegten Entmythologisierungsversuchen[14] mit ihrer Gefahr des Geschichtsverlustes und der unaufgebbaren Bindung an die historische Dimension der Offenbarung Gottes[15] mit ihrer Gefahr, den ‚garstig breiten Graben der Geschichte‘ (*Lessing*) am Ende doch nicht zu überwinden? Wo aktualisieren wir überholte Weltbilder zu Recht, und wo verlieren wir theologische Substanz? Hier wären wohl

---

[10] *Grözinger,* aaO, 134ff; *Zitt,* Erinnern als Aufgabe, 132ff.
[11] *Feldtkeller, Sundermeier* (Hg.), Mission in pluralistischer Gesellschaft.
[12] *Müller,* Religion, 121ff; *Preul,* So wahr mir Gott helfe!, 76ff.
[13] Vgl. *Polak,* Megatrend Religion?, 108ff und 166ff.
[14] So jetzt wieder *Jörns,* Notwendige Abschiede.
[15] Vgl. *Lehnert,* Exegetisch Gott begegnen, 389ff.

neue postmoderne Hermeneutikansätze zu entwickeln. Nicht nur in dieser Hinsicht bleibt die wissenschaftliche Theologie für den Pfarrdienst ebenso unverzichtbar wie die medizinische Forschung für den Arztberuf. Verweigern wir dies, wird die Postmoderne uns abhängen und der Weltanschauungsmarkt entscheiden. Uns bliebe dann wirklich nur noch der Verkauf von Kirchen.

Es sind nicht zuletzt diese Fragen, die dazu aufrufen, den Pfarrberuf in erster Linie als grundlegend *theologischen* Beruf zu realisieren, als ‚Amt der Erinnerung'. Durch dessen Dienst wird der Blick auf etwas gelenkt, das auch unsere Generation sich nicht selber sagen kann: auf das eine Wort Gottes (Joh 1,1), das in Christus Gestalt annahm (Joh 1,14) und das sich auch heute noch im und durch den Vollzug geistlichen Dienstes selber mitteilt (2Kor 5,20). Durch dieses Wort ruft Gott Menschen zu sich (Lk 14,17). Dieses Wort wirkt den Glauben (Röm 10,17). Dieses Wort schafft und belebt die Gemeinde (Apg 2,37-41). Und dieses Wort aktiviert sie zu ihrem ureigensten priesterlichen Dienst (Eph 4,11f), sowohl innerhalb des Gemeindelebens in Gestalt ehrenamtlicher Beteiligung (Eph 4,16) als auch innerhalb ihres Alltages durch Realisierung christlicher Lebenspraxis und Einbringung christlicher Perspektiven in Familie, Beruf und Gesellschaft (Röm 12,1f; Matth 5,13-16; 13,33-35).

Zur Ausrichtung *dieses* Wortes sind Pfarrerinnen und Pfarrer berufen. Diese „Verkündigung des Evangeliums von Jesus Christus", auf die alle Pfarrerinnen und Pfarrer bei der Ordination verpflichtet werden[16], wirkt sich *kybernetisch* in der gegenseitigen Ermutigung zum Dienst des Leibes Christi aus. Kernaufgabe des besonderen Amtes ist und bleibt die theologische Entfaltung und die hermeneutische Kommunikation des Evangeliums. Hauptwirkung wird die kybernetische Entfaltung des Allgemeinen Priestertums im Sinne des Eph4-Modells sein.

EINLADUNG ZUR DISKUSSION UNTER:

www.Pfarrberuf.de

---

[16] *Karle*, Pfarrerinnen und Pfarrer, 630.

Literatur

Abromeit, Hans-Jürgen / Böhlemann, Peter / Herbst, Michael / Strunk, Klaus-Martin (Hg.), Spirituelles Gemeindemanagement. Chancen – Strategien – Beispiele, Göttingen 2001.

Alltagstheologie. Glauben im Alltag junger Pfarrerinnen und Pfarrer, hg. von R. Bernhardt, Neukirchen-Vluyn 1993.

Amt und Ehrenamt. Lernort Gemeinde. Zeitschrift für theologische Praxis 20, Heft 1 (2002).

Das Amt des Pfarrers und der Pfarrerin in der modernen Gesellschaft. Eine Studie der Evangelischen Kirche von Kurhessen-Waldeck, Didaskalia 53, überarbeitete und erweiterte Neuausgabe Kassel 2004.

Das Geistliche Amt in der Kirche. Gemeinsame römisch-katholische evangelisch-lutherische Kommission, Paderborn, Frankfurt 2. Aufl. 1981.

Asmus, Sören, ‚Was für Pfarrer wollen wir?' Zwischen Profession und Professionalität – Pfarramt in verschiedenen Perspektiven, in: H. Zschoch (Hg.), Kirche – dem Evangelium Strukturen geben. Theologische Beiträge aus Wissenschaft und Praxis, Veröffentlichungen der Kirchl. Hochschule Wuppertal, 2009, 47-71.

Theologische Ausbildung in der EKD. Dokumente und Texte aus der Arbeit der Gemischten Kommission/Fachkommission I zur Reform des Theologiestudiums (Pfarramt und Diplom), hg. von M. Ahme und M. Beintker, 1993-2004, Leipzig 2005.

Die Ausbildung der Pfarrerinnen und Pfarrer angesichts der missionarischen Herausforderungen der Kirche. Beiträge einer Konsultation der Arbeitsgemeinschaft Missionarische Dienste im Diakonischen Werk der EKD und der Evangelischen Kirche in Deutschland vom 18. bis 20. Oktober 2002 in Halle/Saale, epd-Dokumentation Nr. 14, 31. März 2003.

Ausführungen zum Berufsbild der Gemeindepfarrerinnen und Gemeindepfarrer und Umsetzung der Dienstrechtsreform in das Dienst- und Besoldungsrecht der Pfarrerinnen und Pfarrer, Ergebnisse der Beratungen der Landessynode der EKiR, Düsseldorf, Januar 1999.

Die Barmer Theologische Erklärung. Einführung und Dokumentation, hg. von A. Burgsmüller und R. Weth, Neukirchen-Vluyn 3. Aufl. 1984.

Bartels, Karl Heinz / Schnabel, Eckhard, Art. Gedenken, in: ThBLNT, hg. von L. Coenen und K. Haacker, neubearbeitete Aufl. 2005, 661-667.

Barth, Karl, Homiletik. Wesen und Vorbereitung der Predigt, Nachschrift, Zürich 1966.

Bayer, Oswald, Amt und Ordination, in: Ordinationsverständnis und Ordinationsliturgien. Ökumenische Einblicke, hg. von I. Mildenberger, Beiträge zu Liturgie und Spiritualität 18, Leipzig 2007, 9-25.

Bayer, Oswald, Urteilskraft als theologische Kompetenz. Was macht einen Theologen zum Theologen?, ThBeitr 36 (2005) 229-237.
Becker, Dieter, Kirche als strategische Herausforderung. Betriebswirtschaftliche Analysen – theologische Anregungen – Modelle für die Kirche der Zukunft, Frankfurt 2003.
Becker, Dieter, Kirchentheorie. Geschichte und Anforderungen eines neueren theologischen Begriffs, PTh 96 (2007) 274-290.
Becker, Dieter, Pfarrberufe zwischen Praxis und Theorie. Personalplanung in theologisch-kirchlicher und organisationstheoretischer Sicht. Mit einem Vorwort von Wilfried Marnach, EuKP 3, Frankfurt 2007.
Becker, Dieter, Pfarrberufe zwischen Praxis und Theorie. Pastorale Berufstheorien im Widerstreit mit der empirischen Berufswirklichkeit, DtPfBl 10 (2008) 524-530.
Becker, Dieter / Dautermann, Richard (Hg.), Berufszufriedenheit im heutigen Pfarrberuf. Ergebnisse und Analysen der ersten Pfarrzufriedenheitsbefragung in Korrelation zu anderen berufssoziologischen Daten, EuKP 1, Frankfurt 2005.
Becker, Eve-Marie, Amt und Autorität im frühesten Christentum – aus evangelischer Sicht, in: Logos – Logik – Lyrik. Engagierte exegetische Studien zum biblischen Reden Gottes, FS Klaus Haacker, hg. von V. A. Lehnert und U. Rüsen-Weinhold, ABG 27, Leipzig 2007, 71-86.
Becker, Manfred, Personalentwicklung. Bildung, Förderung und Organisationsentwicklung in Theorie und Praxis, 4., aktualisierte und überarbeitete Aufl., Stuttgart 2005.
Behler, Christine, Welche Aufgaben soll die Kirche in Zukunft erfüllen?, Lernort Gemeinde 22 (2004) 39-50.
Beintker, Michael, Art. Amt VI. 4 b), in: RGG Bd. 1, 4. Aufl. Tübingen 1998, 432f.
Berner, Knut, Schmalspur zum Altar. Die Evangelische Kirche wertet die Arbeit ihrer Geistlichen ab, Zeitzeichen 1 (2006) 51-53.
Der Beruf des Pfarrers / der Pfarrerin heute. Ein Diskussionspapier zur V. Würzburger Konsultation über Personalplanung in der EKD, Hannover 1989.
Böhm, Kathleen / Herbst, Michael / Fleßa, Steffen, Arbeitszufriedenheit im Pfarrberuf. Eine Studie in der Pommerschen Evangelischen Landeskirche, PTh 97 (2008) 206-221.
Böhmer, Annegret, „Coaching ist für Gewinnertypen". Coaching Ausbildung für Pfarrerinnen und Pfarrer, Der Trend zum Coaching als Beratungsform in der Kirche, PrTh 43 (298-307).
Böhmer, Coaching in der Kirche. Vom Defizit zur Ressource, PTh (2009) 327-342.
Boehn, Tobias von, Inspiriert leiten. Ein Praxisbuch für Menschen mit Verantwortung, Wuppertal, Glashütten 2007.

Böttrich, Christfried, Gemeinde und Gemeindeleitung nach Epheser 4, ThBeitr 30 (1999) 137-150.

Bonhoeffer, Dietrich, Brief vom 21.7.1944, in: Widerstand und Ergebung. Briefe und Aufzeichnungen aus der Haft, hg. von E. Bethge, Gütersloh, 11. Aufl. 1908, 182-184.

Bonhoeffer, Dietrich, Finkenwalder Homiletik, in: Gesammelte Schriften IV, 1965.

Bonhoeffer, Dietrich, Nachfolge, 1937, 14. Aufl. 1983.

Bormann, Lukas, Philipperbrief, in: Paulus. Leben – Umwelt – Werk – Briefe, hg. von O. Wischmeyer, Tübingen, Basel 2006, 217-232.

Brandt, Reinhard, Art. Ordination IV, in: RGG Bd. 6, 4. Aufl. Tübingen 2003, 622-625.

Braun, Reiner, Geistliche Erneuerung des Pfarrerstandes – Aufbau und Sendung der bekennenden Gemeinde, Die „Erklärung zur praktischen Arbeit" von 1934, ThBeitr 35 (2004) 156 – 160.

Braun, Reiner, Vergebung baut auf. Plädoyer für evangelische Formen des Umgangs mit Schuld, ThBeitr 39 (2008) 176-182.

Bukowski, Peter, Die Bibel ins Gespräch bringen. Erwägungen zu einer Grundfrage der Seelsorge, Neukirchen-Vluyn 4. Aufl. 1999.

Bukowski, Peter, Rückfragen an die akademische theologische Ausbildung, PTh 89 (2000) 474-482.

Bukowski, Peter, Theologie in der zweiten Ausbildungsphase!, PTh 93 (2004) 152-166.

Bultmann, Rudolf, Welchen Sinn hat es, von Gott zu reden? 1925, in: Glauben und Verstehen Bd. I, 26-37.

Campenhausen, Hans von, Kirchliches Amt und geistliche Vollmacht in den ersten drei Jahrhunderten, BHTh 14, Tübingen 2. Aufl. 1963.

Coaching Leitfaden. Eine Handreichung, Diakonisches Werk Württemberg, Abteilung Bildung und Organisationsberatung, 2006.

Coram. Ein Handbuch für die Arbeit von Pfarrerinnen und Pfarrern auf dem Weg ins nächste Jahrhundert, hg. von G. W. Rammenzweig, Düsseldorf 2001.

Dahm, Karl-Wilhelm, Frust und Lust im heutigen Pfarrberuf, DtPfBl 5 (2005) 232-237.

Dahm, Karl-Wilhelm, Pfarrberuf zwischen Selbstbild und Gemeindeerwartung. Hauptergebnisse einer Erhebung über Pfarrbild, Pfarrberuf und Pfarrhaus (Frühjahr 1998) in der EKiR, in: Ausführungen zum Berufsbild der Gemeindepfarrerinnen und Gemeindepfarrer und Umsetzung der Dienstrechtsreform in das Dienst- und Besoldungsrecht der Pfarrerinnen und Pfarrer, Ergebnisse der Beratungen der Landessynode der EKiR, Düsseldorf, Januar 1999, 19-49.

Dahm, Karl-Wilhelm, Art. Pfarrer/Pfarrerin II. Geschichtlich, RGG 4. Aufl., Bd. 6, Tübingen 2003, 1197-1200.

Dautermann, Richard, Das Pfarrer/innen(selbst)bild, in: Becker, D. / Dautermann, R. (Hg.), Berufszufriedenheit im heutigen Pfarrberuf. Ergebnisse und Analysen der ersten Pfarrzufriedenheitsbefragung in Korrelation zu anderen berufssoziologischen Daten, EuKP 1, Frankfurt 2005, 77-101.

Dautzenberg, Gerhard, Urchristliche Prophetie, BWANT 104, Stuttgart, 1975.

Deeg, Alexander, Pastor legens. Das Rabbinat als Impulsgeber für ein Leitbild evangelischen Pfarramts, PTh 93 (2004) 411-427.

Dembek, Jürgen, Das Pfarramt – ein Sonderfall des Predigtamtes?, Brennpunkt Gemeinde 4 (2008) 132-136.

Dettmar, Werner, Ausgesondert zu predigen das Evangelium Gottes. Gedanken zur Ordination evangelischer Pfarrerinnen und Pfarrer, DtPfBl 3 (2006) 115-116.

Dietrich, Hans-Eberhard, Wider Kirchenraub und Kläffer. Luthers Ablehnung einer Zwangsversetzung von Pfarrern, DtPfBl 10 (2008) 520-524.

Dietz, Walter, Systematisch-theologische Aspekte von Ordination und Ordinationsvollmacht im Licht evangelischer Theologie, in: Das kirchliche Amt in Apostolischer Nachfolge II. Ursprünge und Wandlungen, Dialog der Kirchen Bd. 13, Freiburg i.B., Göttingen 2006, 97-145.

Dober, Hans Martin, Pfarrer sein unter Markt-Bedingungen. Das geistliche Amt zwischen Management und Unternehmertum, DtPfBl 4 (2009) 196-201.

Dreier, Ralf, Das kirchliche Amt. Eine kirchenrechtstheoretische Studie, Jus Ecclesiasticum 15, München 1972.

Douglass, Klaus, Die neue Reformation. 96 Thesen zur Zukunft der Kirche, Stuttgart 2001.

Dunn, James D. G., Remembering Jesus, ZNT 10 Heft 20 (2007) 54-59.

Systematische Ehrenamtsarbeit. Eine Praxishilfe für Kirche und Diakonie, hg. von K. Sommer-Loeffen, Neukirchen-Vluyn / Düsseldorf 2009.

Schwerpunkt: Ehrenamt, Evangelische Argumente. Informationen und Standpunkte aus der Evangelischen Kirche im Rheinland, Nr. 8, November 2006.

Empfehlungen des Rates der EKD und der Kirchenkonferenz zu Fragen des Pfarrhauses, 2002.

Engemann, Wilfried, Einführung in die Homiletik, UTB 2128, Tübingen, Basel 2002.

Enzner-Probst, Brigitte, Pfarrerin. Als Frau im Männerberuf: Selbstbegrenzung und Kooperation, 1995.

Erlemann, Kurt, Wer ist Gott? Antworten des Neuen Testaments, Neukirchen-Vluyn 2008.

Ermutigung zur Mission. Informationen – Anregungen – Beispiele, Ein Lesebuch zum Schwerpunktthema der EKD-Synode 1999, Hannover 1999.

Evangelische Bekenntnisse. Bekenntnisschriften der Reformation und neuere Theologische Erklärungen, hg. im Auftrag der EKU von R. Mau, 2 Bde., Bielfeld 1997.

Evangelischer Erwachsenenkatechismus, hg. von W. C.-W Clasen, M. Meyer-Blanck und G. Ruddat, Rheinbach, Birnbach 3.Aufl. 2002.

Das Evangelium unter die Leute bringen. Zum missionarischen Dienst der Kirche in unserem Land, EKD-Texte 68, Hannover 2001.

Fischer, Manfred, So stabil ist die Kirche, ferment 10 (1982) 14-15.

Fooken, Enno, Die geistliche Schulaufsicht und ihre Kritiker im 18. Jahrhundert, Wiesbaden, 1967.

Freudenberg, Matthias, Die Kirche als Ort von Gottes Güte. Zu den Grundlagen und Wirkungen von Calvins Kirchenverständnis, DtPfBl (2009) 358-362.

Fries, Patrick, Gegründet im einen Dienst der ganzen Gemeinde. Zur Berufung in den Dienst an Wort und Sakrament nach dem neuen Ordinationsgesetz der Evangelischen Kirche im Rheinland, in: Ordinationsverständnis und Ordinationsliturgien. Ökumenische Einblicke, hg. von I. Mildenberger, Beiträge zu Liturgie und Spiritualität 18, Leipzig 2007, 117-136.

Frühwald, Christian, Mentalitätswandel in kirchenleitenden Organen, DtPfBl 1 (2009) 10-14.

Führer, Werner, Das Amt in der Kirche. Das reformatorische Verständnis des geistlichen Amtes im ökumenischen Kontext, Neuendettelsau 2001.

Gärtner, Heiderose, Ein klares Berufs-Leitbild als Werbung für Nachwuchs, DtPfBl 4 (2003), 171-173.

Gärtner, Michael, Vom Wanderprediger zum königlichen Beamten – auf der Suche nach einem neuen Pfarrerbild, Pfälzisches Pfarrerblatt 7/8 (2000) 252-259.

Gafga, Hedwig / Kopp, Eduard / Mawick, Reinhard, Sieben Erfolgsrezepte. Kleine Typenlehre des deutschen Pfarrers, der deutschen Pfarrerin: zwischen Andacht, Straßenkampf und Hexenschuss, in: Deutsches Allgemeines Sonntagsblatt 39 (1998).

Die Genfer Kirchenordnung von 1561, in: Reformierte Bekenntnisschriften und Kirchenordnungen in deutscher Übersetzung, hg. von P. Jacobs, Neukirchen 1949, 72-107.

Gestrich, Reinhold, Die Seelsorge und das Unbewusste, Stuttgart, Berlin 1998.

Goertz, Harald, Die Begründung des ordinierten Amtes im Allgemeinen Priestertum. Ein Beitrag zum ökumenischen Dialog aus reformatorischer Perspektive, MD 3 (1999) 43-50.

Gorski, Horst, Anders als die Anderen. Die evangelischen Pfarrerinnen und Pfarrer der Zukunft sollten Geistliche sein, Zeitzeichen 7 (2006) 26-29.
Gottes Profis? Re-Visionen des Pfarramts, hg. v. T. Peters / A. Plagentz / P. Scherle, Herborner Beiträge 2, Wuppertal 2004.
Gräb, Wilhelm, Die kulturelle Bedeutung des religiösen Berufs, in: *ders.*, Lebensgeschichten – Lebensentwürfe – Sinndeutungen. Eine praktische Theologie gelebter Religion, Gütersloh 1998, 304-333.
Greiffenhagen, Martin, Das Evangelische Pfarrhaus. Eine Kultur- und Sozialgeschichte, Stuttgart 1984.
Greiner, Dorothea, Welche Pfarrerinnen und Pfarrer braucht die Kirche der Zukunft?, in: Theologie im Plural, hg. von K.F. Gimmer, Frankfurt a.M. 2001, 218-234.
Grethlein, Christian, Grundinformation Kasualien. Kommunikation des Evangeliums an Übergängen des Lebens, UTB 2919, Göttingen 2007.
Grethlein, Christian, Kasualien als lebensweltbezogenes Konzept. Ein Beitrag zur Kontextualisierung des Evangeliums, DtPfBl 3 (2008) 123-127.
Grethlein, Christian, Modernes Leben mit der Bibel. Einige Überlegungen zu einem kybernetischen Grundlagenproblem, BThZ 14 (1997) 155-169.
Grethlein, Christian, Pfarrer – ein theologischer Beruf!, Frankfurt 2009.
Grethlein, Christian, Pfarrer(in)sein als christlicher Beruf. Hinweise zu den veränderten Rahmenbedingungen einer traditionellen Tätigkeit, ZThK 98 (2001) 372-398.
Grethlein, Christian, Pfarrersein heute. Zwischen ‚Führer' ins Heilige und ‚intellektuellem Amt', DtPfBl 1 (1999) 10-13.
Grözinger, Albrecht, Die Kirche – ist sie noch zu retten? Anstiftungen für das Christentum in postmoderner Gesellschaft, Gütersloh 1998.
Grözinger, Albrecht, Das Amt der Erinnerung – Überlegungen zum künftigen Profil des Berufs der Pfarrerinnen und Pfarrer, in: *ders.*, Die Kirche – ist sie noch zu retten? Anstiftungen für das Christentum in postmoderner Gesellschaft, Gütersloh 1998, 134-141.

Haacker, Klaus, Charisma und Amt. Biblische Vorgaben für die aktuelle Diskussion, in: ders. (Hg.), Mit Geist beschenkt, Witten 1983, 9-31.
Haacker, Klaus, Evangelische Gelassenheit, ThBeitr 8 (1977) 145-148.
Haacker, Klaus, Siehe, er betet (Apg 9,11), ThBeitr 34 (2003) 233-237.
Hahn, Ferdinand, Art. Abendmahl I., RGG 4. Aufl., Bd. 1, 10-15.
Halbe, Jörg, Das Elend im Pfarrberuf heute. Lage und Lösungswege, DtPfBl 4 (2008) 192-196.
Hall, Guy David, Die Person und Persönlichkeit von Pfarrkandidaten/innen – Ein psychoanalytischer Blick. Eindrücke und Beobachtungen, in: Coram. Ein Handbuch für die Arbeit von Pfarrerinnen und Pfarrern auf dem Weg ins nächste Jahrhundert, hg. von G. W. Rammenzweig, Düsseldorf 2001, 412-447.

Handbuch Gemeinde & Presbyterium, Gemeindepraxis, Düsseldorf 2008.
Handbuch Gemeinde & Presbyterium, Leiten und Entscheiden, Düsseldorf 2008.
Hartmann, Thomas A. G., Herz, Stress und Professionalität im Pfarrberuf. Eine biblisch-ekklesiologische Kardiopathologie, DtPfBl 7 (2001) 354.
Hauschild, Wolf-Dieter, Art. Amt V.1, in: RGG Bd. 1, 4. Aufl. Tübingen 1998, 426f.
Haverkamp, Karl, Vom „Priestertum aller Glaubenden" oder: Warum die Evangelische Kirche im Rheinland nicht nur studierte Theologinnen und Theologen in den Verkündigungsdienst ordiniert, in: Thema: Gottesdienst – Der Gottesdienst in der „Kirche der Freiheit". Zum Impulspapier der Rates der EKD, Berichte, Modelle, Analysen, Informationen, Lesetipps, Termine, hg. von der Arbeitsstelle für Gottesdienst und Kindergottesdienst der EKiR– Bereich Gottesdienst, Wuppertal, 25 (2006) 37-42.
Heckel, Ulrich / Jacobus-Schoof, Gardis / Strack, Helmut / Wanzeck, Gerd-Ulrich (Hg.), Zwischen Himmel und Erde. Themen der Theologie erleben und bedenken. Ein evangelischer Theologiekurs, 2. Aufl. mit CD-Rom, Bielefeld 2004.
Hempelmann, Heinzpeter, Wenn die Bibel nicht mehr spricht: Kleine Pathologie geistlichen Hörens, ThBeitr 39 (2008) 280-298.
Hentschel, Anni, Diakonia im Neuen Testament. Studien zur Semantik unter besonderer Berücksichtigung der Rolle von Frauen, WUNT 2. Reihe, Tübingen 2007.
Herbst, Michael, Mit Vollmacht predigen, ThBeitr 30 (1999) 66-73.
Hermelink, Jan, Pastorales Wirken im Spannungsfeld von Organisation, Person und ‚geistlicher' Darstellung. Aktuelle Tendenzen der Fremd- und Selbstwahrnehmung, PTh 97 (2008) 384-403.
Hermelink, Jan, Pfarrer als Manager? Gewinn und Grenzen einer betriebswirtschaftlichen Perspektive auf das Pfarramt, ZThK 95 (1998) 536-564.
Hermelink, Jan, Wie hat die Kirche Erfolg? Ökonomische, seelsorgerliche, systematische und liturgische Perspektiven, WzM 56 (2004) 38-54.
Heymel, Michael, Der Dienst der ehrenamtlichen Verkündigung in der praktisch-theologischen Forschung. Aufgaben einer Praxistheorie, PTh 98 (2009) 72-86.
Hiltscher, Reinhard, Gottesbeweise, Darmstadt 2008.
Höhmann, Peter, Professionsbrüche im Pfarrberuf, in: D. Becker / R. Dautermann (Hg.), Berufszufriedenheit im heutigen Pfarrberuf. Ergebnisse und Analysen der ersten Pfarrzufriedenheitsbefragung in Korrelation zu anderen berufssoziologischen Daten, EuKP 1, Frankfurt 2005, 53-75.
Höhmann, Peter / Krech, Volker, Die vierte Kirchenmitgliedschaftsuntersuchung. Alles wie gehabt?, Praktische Theologie 39 (2004) 3-12.

Hub, Dietrich, Motivation zum Theologiestudium. Die Anstellungssituation der Theologiestudenten und Vikare in der westfälischen Landeskirche, DtPfBl 1 (2002) 10-12.

Ihsen, Florian, Ökumenische Brücken niedergerissen?! Zur Problematik der Empfehlung der Bischöfe der VELKD zu Allgemeinem Priestertum, Ordination und Beauftragung, DtPfBl 8 (2006) 405-408.

Janowski, Gudrun, Theologia gubernationis – Leitung und Macht. Eine pastoral-psychologisch orientierte Reflexion, in: Gottes Profis? Re-Visionen des Pfarramts, hg. v. T. Peters / A. Plagentz / P. Scherle, Herborner Beiträge 2, Wuppertal 2004, 75-95.

Jenson, Philipp P. / Börner-Klein, Dagmar / von Lips, Hermann / Müller, Hans Martin, Art. Ordination, in: TRE 25 (1995) 334-367.

Jervell, Jacob, Die Apostelgeschichte, KEK 3, 17. Aufl., 1. Aufl. dieser Auslegung, Göttingen 1998.

Jörns, Klaus-Peter, Notwendige Abschiede, Gütersloh 3. Aufl. 2006.

Jörns, Klaus-Peter, Die neuen Gesichter Gottes. Was Menschen heute wirklich glauben, München 1997, 199-232.

Josuttis, Manfred, Einführung in das Leben. Pastoraltheologie zwischen Phänomenologie und Spiritualität, Gütersloh, 1996.

Josuttis, Manfred, Das Pastoralkolleg in der Kirche der Postmoderne. Festvortrag zum 50. Jubiläum des Pastoralkollegs Neuendettelsau, in: Bauer, Josuttis, M./Bauer, K.A. (Hg.), Daß du dem Kopf nicht das Herz abschlägst. Theologie der Erfahrung, Erwägungen zum Pastoralkolleg als Ort erfahrungsbezogener Theologie, Düsseldorf 1996, 133-144.

Josuttis, Manfred, Der Pfarrer ist anders. Aspekte einer zeitgenössischen Pastoraltheologie, München, 1982.

Jüngel, Eberhard, Gott will mündige Christen. Allgemeines Priestertum – geordnetes Amt: Eine kurze reformatorische Erinnerung, Zeitzeichen 4 (2005) 56-57.

Jüngel, Eberhard, Mission. Referat zur Einführung in das Schwerpunkthema in: www.ekd.de/synode99/referate_ juengel.html.

Kähler, Reinhard, Gottes angestellte Kleinhändler. Der Pastorinnen und Pastoren Zukunft in Ostdeutschland, PTh 93 (2004) 437-449.

Käsemann, Ernst, Amt und Gemeinde im NT, in: Exegetische Versuche und Besinnungen I, Göttingen 1960, 109-134.

Kammer, Otto, Leiten und Vorangehen. Überlegungen und Thesen zum Verständnis des kirchlichen Amtes, DtPfBl 4 (2005) 175-179.

Karle, Isolde, Pastorale Kompetenz, PTh 89 (2000) 508-523.

Karle, Isolde, Der Pfarrberuf als Profession, Gütersloh, 2001.

Karle, Isolde, Pfarrerinnen und Pfarrer in der Spannung zwischen Professionalisierung und Professionalität, DtPfBl 12 (2003) 629-634.

Karle, Isolde, Wozu Pfarrerinnen und Pfarrer, wenn doch alle Priester sind? Zur Professionalität des Pfarrberufs, DtPfBl 1 (2009) 3-9.
Katechismus der Katholischen Kirche, München, Wien, Leipzig, Freiburg, Linz 1993.
Kaufmann, Thomas, Art. Amt V.2, in: RGG Bd. 1, 4. Aufl. Tübingen 1998, 427-429.
Kessler, Volker, Ist die Existenz Gottes beweisbar? Neue Gottesbeweise im Licht der Mathematik, Informatik, Philosophie und Theologie, Gießen, Basel 1999.
Kirche der Freiheit. Perspektiven für die Evangelische Kirche im 21. Jahrhundert, Ein Impulspapier des Rates der EKD, Hannover 2006.
Kirche der Freiheit im 21. Jahrhundert. Zukunftskongress der Evangelischen Kirche in Deutschland, Lutherstadt Wittenberg 25.-27. Januar 2007, Dokumentation des Zukunftskongresses der EKD, Hannover 2007.
Kirche, Horizont und Lebensrahmen. Weltsichten, Kirchenbindung, Lebensstile, Vierte EKD-Erhebung über Kirchenmitgliedschaft, Hannover 2003.
Kirche in der City. Texte von der diesjährigen Landessynode der Evangelischen Kirche im Rheinland, von einer ökumenischen ‚Netzwerktagung City-Kirchen-Einrichtungen' und von der letzten EKD-Konsultation ‚Kirche in der Stadt', epd-Dokumentation 18, Frankfurt 2002.
Kirche in der Vielfalt der Lebensbezüge. Die vierte EKD-Erhebung über Kirchenmitgliedschaft, hg. von Johannes Friedrich / Wolfgang Huber / Peter Steinacker, Gütersloh 2006.
Klarheit und gute Nachbarschaft. Christen und Muslime in Deutschland, Eine Handreichung des Rates der EKD, EKD-Texte 86, Hannover 2006.
Klein, Günther, Die zwölf Apostel, FRLANT 77, Göttingen, 1961.
Kleinschmit, Gesine, Nicht bloss bunte Schmetterlinge. Elementartheologie in Frankfurt, in: Theologische Bildungsprozesse gestalten. Schritte zur Ausbildungsreform, hg. v. H.-G. Heimbrock und M. v. Kriegstein, Frankfurt 2002, 107-122.
Klessmann, Michael, Stabile Identität – brüchiges Leben? Zum Bild des Pfarrers/der Pfarrerin zwischen Anspruch und Wirklichkeit – ein pastoralpsychologischer Beitrag, WzM 46 (1994) 289-301.
Klessmann, Michael, Konkurrenz und Kooperation im Pfarramt, PTh 90 (2001) 368-383.
Klessmann, Michael, Pfarrbilder im Wandel. Ein Beruf im Umbruch, Neukirchen-Vluyn 2001.
Klessmann, Michael, Seelsorge im Zwischenraum / im Möglichkeitsraum. Pastoralpsychologische De- und Rekonstruktionen, WzM 55 (2003) 424f.
Klessmann, Michael, Die Sinndimension in der Supervision, in: Die Zukunft der Supervision zwischen Person und Organisation. Neue Herausforderungen – Neue Ideen, Vorträge der Tagung des Verbändeforums Supervision am 26./27.11.2004 in Montabaur, Köln 2005, 15-22.

Klessmann, Michael, Theologiestudium und Persönlichkeitsentwicklung. Anmerkungen zur Beratungspflicht für Theologiestudierende in der EKiR, in: ders., Pfarrbilder im Wandel. Ein Beruf im Umbruch, Neukirchen-Vluyn 2001, 85-98.

Klessmann, Michael / Lammer, Kerstin, „Das Kreuz mit dem Beruf. Supervision in Kirche und Diakonie“, Neukirchen-Vluyn 2007.

Knieling, Reiner, Konkurrenz in der Kirche als theologische und geistliche Herausforderung, ThBeitr 31 (2000) 117-124.

Knieling, Reiner, Konkurrenz in der Kirche. Praktisch-theologische Untersuchungen zu einem Tabu, Neukirchen-Vluyn 2006.

Knieling, Reiner, Plädoyer für unvollkommene Gemeinden. Gemeindearbeit im Zeichen von Anfänglichkeit und Fragment, ThBeitr 39 (2008) 146-162.

Körtner, Ulrich H. J., Der inspirierte Leser. Zentrale Aspekte biblischer Hermeneutik, Göttingen 1994.

Krarup, Martin, Ordination in Wittenberg. Die Einsetzung in das kirchliche Amt in Kursachsen zur Zeit der Reformation, Beiträge zur historischen Theologie 141, Tübingen 2007.

Krämer, Michael, Grundlagen und Praxis der Personalentwicklung, UTB 2906, Göttingen 2007.

Kraus, Georg, Art. Priestertum III.1 katholisch, RGG Bd.6, 4. Aufl. Tübingen 2003, 1652-1654.

Kronast, Manuel/Griesel, Steffen/Nethöfel, Wolfgang , Pfarrberuf zwischen Selbststeuerung und Organisation, DtPfBl 10 (2005) 525-535.

Kundgebungsentwurf "Reden von Gott in der Welt – Der missionarische Auftrag der Kirche an der Schwelle zum 3. Jahrtausend", in: www.ekd.de/synode99/ referate_kundgebung.html.

Kühn, Ulrich, Kirche, Handbuch Systematischer Theologie Bd. 10, Gütersloh 1980.

Küng, Hans, Ewiges Leben?, München, Zürich, 2. Aufl. 1982.

Küng, Hans, Die Kirche, München, 3. Aufl. 1985.

Küng, Hans, 24 Thesen zur Gottesfrage, München 1979.

Lampe, Peter, Die Wirklichkeit als Bild. Das Neue Testament als ein Grunddokument abendländischer Kultur im Lichte konstruktivistischer Wissenssoziologie, Neukirchen-Vluyn 2006.

Lauff, Werner, Das Ringen um ein neues Pfarrerbild. Erwägungen zu einem aktuellen Thema, in: Mit allem Freimut zu reden dein Wort. Hundert Jahre Evangelischer Pfarrverein im Rheinland 1901-2001, hg. von F. Maurer / R. Schmidt-Rost, Rheinbach 2001, 118-133.

Lehnert, Volker A., Amt und Dienst – vom Einzelkampf zur Charismenkoordination. Zur aktuellen Pfarrbilddiskussion, ThBeitr 35 (2004) 125-139.

Lehnert, Volker A., Kein Blatt vor‘m Mund. Frei predigen lernen in sieben Schritten, Kleine praktische Homiletik, Neukirchen-Vluyn 2. Aufl. 2008.

Lehnert, Volker A., Exegetisch Gott begegnen. Historisch-vertrauende Exegese bei Klaus Haacker, in: Logos – Logik – Lyrik. Engagierte exegetische Studien zum biblischen Reden Gottes, FS Klaus Haacker, hg. von V. A. Lehnert / U. Rüsen-Weinhold, ABG 27, Leipzig 2007, 389-408.

Lehnert, Volker A., Die Kunst des Delegierens. Wie die Arbeitsteilung zwischen Pfarrerinnen, Pfarrern und dem Presbyterium gelingen kann, in: Handbuch Gemeinde & Presbyterium, Gemeindepraxis, Düsseldorf 2008, 111-118.

Lehnert, Volker A., Qualifikationen für Menschen in Führungsverantwortung, in: Zwischen Hirtendienst und Management. Gemeinde leiten heute, Theologische Impulse 11, Wuppertal 2005, 75-101.

Lehnert, Volker A., Zur Reform der theologischen Ausbildung. Eine Zwischenbilanz, PTh 93 (2004) 134-151.

Lehnert, Volker A. / Lehnert, Felicitas A., Ehe der Zoff uns scheidet. Was Sie tun können, bevor Sie was tun müssen, 12 Denkanstöße, Neukirchen-Vluyn, 5. aktualisierte und erweiterte Aufl. 2008.

Lehnert, Volker A. / Lehnert, Felicitas A., Ehe wir‘s verlernen. Erotik in der Ehe, 12 Denkanstöße, Neukirchen-Vluyn, 5. Aufl. 2008.

Lehnert, Volker und Felicitas, Ehe im Pfarrhaus. Zwischen Küche, Kirche, Kanzelschwalben, DtPfBl 6 (2006) 304-307.

Lernen, Lehren. Themenheft der Zeitschrift für Neues Testament, ZNT 21 (2008).

Lessing, Eckart, Art. Amt VI.4 a), in: RGG Bd.1, 4. Aufl. Tübingen 1998, 432.

Sein Licht leuchten lassen. Zur Erneuerung von Gemeinde und Pfarrerschaft, Ein Votum des Theologischen Ausschusses der Arnoldshainer Konferenz, Neukirchen-Vluyn 1988.

Leutzsch, Martin, Dimensionen der Weisheit. Biblisch-theologische Anmerkungen zum Pfarrbild, DtPfBl 6 (2008) 300-304.

Leuze, Reinhard, Art. Amt VI. 5, in: RGG Bd.1, 4. Aufl. Tübingen 1998, 434-436.

Lindemann, Andreas, „...zwiefacher Ehre wert". Das Amt und die Praxis der Gemeindeleitung im Urchristentum, in: Wort und Dienst – Jahrbuch der Kirchlichen Hochschule Bethel 29, 2007, 207-226.

Linnenbrink, Günter, Zur Frage der Lebensführung kirchlicher Mitarbeiter – insbesondere der Pfarrerschaft, ZevKR 38 (1993) 381-396.

Lips, Hermann von, Art. Amt I.-IV, in: RGG Bd. 1, 4. Aufl. Tübingen, 1998, 422-426.

Lohfink, Gerhard, Wie hat Jesus Gemeinde gewollt? Zur gesellschaftlichen Dimension des christlichen Glaubens, Freiburg, Basel, Wien 1982.

Lohse, Bernhard, Art. Priestertum III. In der christlichen Kirche, RGG Bd. 5, 3. Aufl. Tübingen 1961, 578-581.

Lorenz, Karin / Reller, Horst, Alternative: Glauben. Missionarische Arbeitsformen in der Volkskirche heute, Gütersloh 1985.

Luther, Henning, Pfarrer und Gemeinde. Protestantische Gedanken zu einem ungeklärten Verhältnis, EvTh 44 (1984) 26-45.

Machel, Edgar, Erfolgskontrolle von Pastoren? Zwischen Effektivität und Spiritualität, PTh 93 (2004) 428-436.

Marquard, Reiner, Einheit und Unterscheidung im Predigtamt, DtPfBl 8 (2003) 399-404.

McGrath, Alister E., Das Christentum zwischen Fundamentalismus und Liberalismus, in: Pechmann, Ralph / Reppenhagen, Martin (Hg.), Zeugnis im Dialog der Religionen und der Postmoderne, Neukirchen-Vluyn 1999, 12-26.

Mechels, Eberhard, Veränderungen im Profil der Rolle von Pfarrerinnen und Pfarrern, Pfälzisches Pfarrerblatt 7/8 (2000) 259-267.

Megatrend Religion? Neue Religiositäten in Europa, hg. von R. Polak, Ostfildern 2002.

Michel, Karl-Heinz, „Durch eine zweite Heiligung berufen werden zum heiligen Amt". Vom Sinn des ordinationsgebundenen Amtes in der lutherischen Kirche, ThBeitr 37 (2006) 6-25.

Mildenberger, Friedrich, Grundwissen der Dogmatik. Ein Arbeitsbuch, Stuttgart, Berlin, Köln, Mainz, 2. Aufl. 1983.

Mission in pluralistischer Gesellschaft, hg. von A. Feldtkeller / Th. Sundermeier, Frankfurt a.M., 1999.

Moltmann, Jürgen, Gott im Projekt der modernen Welt. Beiträge zur öffentlichen Relevanz der Theologie, Gütersloh 1997.

Moltmann, Jürgen, Kirche in der Kraft des Geistes. Ein Beitrag zur messianischen Ekklesiologie, München 1975.

Moltmann, Jürgen, Wissenschaft und Weisheit. Zum Gespräch zwischen Naturwissenschaft und Theologie, Gütersloh 2002.

Müller, Hans-Martin, Art. Amt VII, in: RGG Bd. 1, 4. Aufl. Tübingen 1998, 436f.

Müller, Hans-Martin, „Pfarramt aller Gläubigen"? Zum Verhältnis von Predigtamt und allgemeinem Priestertum, ThBeitr 30 (1999) 125-136.

Müller, Harald, Religion in der Gesellschaft und pastorale Profession. Bedingungen für eine gelingende Praxis von Pfarrerinnen und Pfarrern, in: Gottes Profis? Re-Visionen des Pfarramts, hg. v. T. Peters / A. Plagentz / P. Scherle, Herborner Beiträge 2, Wuppertal 2004, 121-144.

Müller-Weißner, Ulrich, Chef sein im Haus des Herrn. Führen und Leiten in der Kirche – eine Praxishilfe, Gütersloh 2003.

Neuner, Peter, Art. Amt VI.3, in: RGG Bd.1, 4. Aufl. Tübingen 1998, 431-432.

Nethöfel, Wolfgang / Schneider, Friedhelm, Zwischen Lust und Frust. Erfahrungen auf einem Berufsfeld im Reformstress, DtPfBl 3 (2008) 155-160.
Neijenhuis, Jörg, Ordinationsdebatte im deutschen Protestantismus. Bemerkungen aus kirchentheoretischer Sicht, DtPfBl 2 (2006) 117-122.

Ohlemacher, Jörg, Was sind „geistliche Voraussetzungen" für ein „geistliches Amt"?, ThBeitr 35 (2004) 140-152.
Ordination, Dienst und Ämter nach evangelischem Verständnis, Beschluss der Landessynode der EKiR vom 14. Januar 2004.
„Ordnungsgemäß berufen". Eine Empfehlung der Bischofskonferenz der VELKD zur Berufung zu Wortverkündigung und Sakramentsverwaltung nach evangelischem Verständnis, Texte aus der velkd 136 Hannover 2006.
Ostmeyer, Karl-Heinrich, Das immerwährende Gebet bei Paulus, ThBeitr 33 (2002) 274-289.
Otto, Rudolf, Das Heilige. Über das Irrationale in der Idee des Göttlichen und sein Verhältnis zum Rationalen, ungekürzte Sonderausgabe, München 1979.

Perspektiven des Pfarrberufs. Ein Diskussionspapier zur Konsultation in der Evangelischen Kirche in Hessen und Nassau im Auftrag der Kirchenleitung, Darmstadt 2005.
Peters, Helmut, Beitrag zu einer Praktischen Theologie des Amtes in Grundzügen, in: Gottes Profis? Re-Visionen des Pfarramts, hg. v. T. Peters / A. Plagentz / P. Scherle, Herborner Beiträge 2, Wuppertal 2004, 55-69.
Petry, Bernhard, Leiten in der Ortsgemeinde. Allgemeines Priestertum und kirchliches Amt – Bausteine einer Theologie der Zusammenarbeit, Gütersloh 2001.
Petry, Bernhard, Wie wir uns denken, so schallt es heraus. Pastorale Selbstbilder und die Zusammenarbeit mit Ehrenamtlichen, PTh 91 (2002/3) 95-105.
Pfarrerin und Pfarrer als Beruf. Ein Leitbild für die Evangelische Kirche Berlin-Brandenburg-schlesische Oberlausitz mit einer Musterdienstvereinbarung für den Pfarrdienst, Berlin 2. Aufl. 2004.
Pfarrerinnen und Pfarrer in der Gemeinde, 2002, in: http://pfarrerverband.medio.de/download/pfarrerverband_ leitbild.pdf.
Pfarrer fragen nach Religion. Religionstheorie für die kirchliche Praxis, hg. von W. Gräb / D. Korsch / G. Raabe, Hannover 2002.
Plasger, Georg, Die Dienste in der Gemeinde. Impulse aus der Ämterlehre Calvins für die gegenwärtige Diskussion um Amt und Ordination, EvTh 69 (2009) 133-141.
Plieth, Martina, Kompetenz und Performanz als Kategorien pastoraltheologischen Denkens und Handelns, PTh 90 (2001) 349-367.

Pohl-Patalong, Uta, Gegenwelt oder Teil der Gesellschaft? Zur Orientierung der Kirche in der Gegenwart, Lernort Gemeinde 22 (2004) 25-29.

Pohl-Patalong, Uta, Auch ein Krankenhaus ist Gemeinde. Gespräch über die Zukunft von Gemeinde und Pfarramt angesichts der Finanzkrise der Kirche, Zeitzeichen 7 (2006) 39-42.

Pohl-Patalong, Uta, Vielfältige Kommunikation des Evangeliums. Das „Eigentliche des Pfarrberufs in der Vielfalt der Handlungsfelder“, Praktische Theologie 44 (2009) 25-31.

Postman, Neil, Keine Götter mehr. Das Ende der Erziehung, New York, Berlin, 2. Aufl. 1995.

Preul, Reiner, So wahr mir Gott helfe! Religion in der modernen Gesellschaft, Darmstadt 2003.

Preul, Reiner, Relevant für die Praxis. Kirchentheorie als Theorie für das pastorale Handeln, Lernort Gemeinde 22 (2004) 3-6.

Radkte, Henning, Beichtgeheimnis und Zeugnisverweigerungsrecht, ZevKr 48 (2003) 385-406.

Raschzok, Klaus, Ordination als Berufung und Lebensarbeit. Zu einem vernachlässigten Aspekt gelebter Spiritualität im Pfarrberuf, ThBeitr 33 (2002) 138-154.

Rauhaus, Alfred, An Christiane... Handbuch für Kirchenälteste in der Evangelisch-Reformierten Kirche, Leer, 1995.

Rebell, Walter, Gehorsam und Unabhängigkeit. Eine sozialpsychologische Studie zu Paulus, München 1986.

Reinhardt, Wolfgang, Das Wachstum des Gottesvolkes. Untersuchungen zum Gemeindewachstum im lukanischen Doppelwerk auf dem Hintergrund des Alten Testaments, Göttingen 1995.

Reuter, Ingo, Predigt verstehen. Grundlagen einer homiletischen Hermeneutik, APTh 17, Leipzig 2000.

Rössler, Dietrich, Amt und Beruf des Pfarrers, in: Friedrich Wintzer, Praktische Theologie, Neukirchen-Vluyn 1982 u.ö., 10-19.

Roloff, Jürgen, Art. Amt etc. IV. Im Neuen Testament, in: TRE 2 (1978) 509-533.

Roloff, Jürgen, Die Kirche im Neuen Testament, NTD-Erg. 10, Göttingen 1993.

Roloff, Jürgen, Themen und Traditionen urchristlicher Amtsträgerparänese, in: Neues Testament und Ethik, FS R. Schnackenburg, hg. v. H. Merklein, Freiburg 1989, 507-526.

Roser, Traugott, Sympathische Vorurteile. Welches Bild von Pfarrerinnen und Pfarrern heutige Kinofilme vermitteln, Zeitzeichen 7 (2006) 36-38.

Sammet, Kornelia, Beruf: Pfarrerin. Eine empirische Untersuchung zu Berufsbild und Berufspraxis von Pfarrerinnen in der EKiBB, Berlin 1998.

Schäfer, Karl Heinrich, Ehrenamtsgesetz und Ehrenamtsakademie. Neue Wege des Ehrenamts in der Evangelischen Kirche in Hessen und Nassau, in: Kirchenreform jetzt! Projekte – Analysen – Perspektiven, hg. von W. Nethöfel / K.-D. Grunwald, Schenefeld 2005, 320-333.

Schenke, Ludger, Die Urgemeinde. Geschichtliche und theologische Entwicklung, Stuttgart, Berlin, Köln 1990.

Scherle, Peter, Der Pfarrberuf im Umbruch. Konturen einer erneuerten Theorie des Amtes, in: Gottes Profis? Re-Visionen des Pfarramts, hg. v. T. Peters, A. Plagentz, P. Scherle, Herborner Beiträge 2, Wuppertal 2004, 27-53,

Scherle, Peter, Kirchliche Berufe. Plädoyer für eine erneuerte Ämterlehre, Praktische Theologie 44 (2009) 6-15.

Schindehütte, Martin, Theologische Überlegungen zum Thema Personalentwicklung, in: Kirchenreform jetzt! Projekte, Analysen, Perspektiven, Netzwerk Kirche Bd. I, hg. von W. Nethöfel / K.-D. Grunwald, Schenefeld 2005, 334-348.

Schmidt-Rost, Reinhard, Präsenz – Überlegungen zu einem ekklesiologischen und pastoraltheologischen Pradigma, in: Texte aus der velkd 96 (2000) 21.

Schneider, Nikolaus, Von Gott berufen – von der Gemeinde beauftragt. Überlegungen zum Dienst der Pfarrerinnen und Pfarrer, Einführungsvortrag anlässlich des Tages Rheinischer Pfarrerinnen und Pfarrer in Koblenz am 12. November 2007, in: http://www.ekir.de/ekir/dokumente/ekirV-2007-11-12-pfarrertag.pdf.

Schneider, Theodor / Wenz, Gunther (Hg.), Das kirchliche Amt in Apostolischer Nachfolge. I: Grundlagen und Grundfragen, Göttingen 2004.

Schniewind, Julius, Das Evangelium nach Markus, NTD 1, Göttingen, 12. Aufl. 1977, 76.

Schniewind, Julius, Die geistliche Erneuerung des Pfarrerstandes, 1947, in: Ders., Geistliche Erneuerung, Göttingen 1981.

Schrage, Wolfgang, Einige Beobachtungen zur Lehre im Neuen Testament, EvTh 42 (1982) 233-251.

Schreyögg, Astrid, Coaching. Eine Anleitung für Praxis und Ausbildung, Frankfurt a. M. 2003.

Schulz, Claudia, Ehrenamt und Lebensstil. Neue Daten zur Mitarbeit und Beteiligung in Kirche und Diakonie, PTh 95 (2006) 369-379.

Schulz, Claudia, Wegmarken für eine Kirche im Wandel. Überraschungen und Herausforderungen der neuen EKD-Erhebung über Kirchenmitgliedschaft, DtPfBl 4 (2006) 171-175.

Schulz, Claudia / Sänger-Distelmeier, Rolf, Kollegiale Intervision im Pfarramt. Ein Projekt zur Reflexion von Scheitern und Erfolg – zugleich ein Beitrag zur Qualitätsentwicklung, PTh 97 (2008) 276-288.

Schwarz, Fritz / Schwarz, Christian A., Theologie des Gemeindeaufbaus. Ein Versuch, Neukirchen-Vluyn 1984.

Schwinge, Monika, Berufsbild ‚Pfarrerin', ZThK 98 (2001) 501-514.

Schwöbel, Marlene, Kirche auf dem Prüfstand. Eine Untersuchung zu den theologischen Orientierungen kirchlicher Strukturplanung, Marburger Theologische Studien 78, Marburg 2003.

Seitz, Manfred, Der Beruf des Pfarrers und die Praxis des Glaubens. Zur Frage nach einer neuen pastoralen Spiritualität, in: Ders., Praxis des Glaubens. Gottesdienst, Seelsorge und Spiritualität, Göttingen, 2. Aufl. 1979, 218-226.

Sellin, Gerhard, Der Brief an die Epheser, übersetzt und erklärt, KEK 8, 9. Aufl., 1. Aufl. dieser Auslegung, Göttingen 2008.

Sommer, Steffen Alexander, Teildienstverhältnisse bei Pfarrern in den Gliedkirchen der Evangelischen Kirche in Deutschland. Eine rechtliche Untersuchung, Schriften zum Kirchenrecht 36, Frankfurt a.M., Berlin, Bern, Bruxelles, New York, Oxford, Wien, 2007.

Sprenger, Reinhard K., Mythos Motivation. Wege aus einer Sackgasse, mit Karikaturen von Thomas Plaßmann, Frankfurt, New York 18. Aufl. 2007.

Steck, Wolfgang, Praktische Theologie. Horizonte der Religion. Konturen des neuzeitlichen Christentums. Strukturen der religiösen Lebenswelt, Bd. I, Stuttgart 2000.

Steck, Wolfgang, Die Privatisierung der Religion und die Professionalisierung des Pfarrberufs. Einige Gedanken zum Berufsbild des Pfarrers, PTh 80 (1991) 306-321.

Steck, Wolfgang, Der Beruf des Pfarrers unter dem Diktat der ökonomischen Logik, ThPr 20 (1985) 116-128.

Steffensky, Fulbert, Gott loben, das Recht ehren, Gesicht zeigen. Das Wesen und die zentralen Aufgaben der Kirche, PTh 92 (2003) 352-367.

Stiewe, Martin / Vouga, Francois, Das Evangelium im alltäglichen Leben. Beiträge zum ethischen Gespräch, NET 11, Tübingen, Basel 2005.

Stollberg, Dietrich, Ja und Nein, in: Über den Pfarrberuf. Ein Briefwechsel zwischen Dietrich Stollberg und Isolde Karle, PTh 89 (2000) 524-528.

Stollberg, Dietrich, Der Pfarrberuf zwischen Anspruch und Wirklichkeit, PTh 89 (2000) 498-507.

Stollberg, Dietrich, Zwischen Überforderung und Freiheit. Zu einigen Problemen von Pfarrerin und Pfarrer in der mobilen Event-Gesellschaft, PTh 93 (2004) 396-410.

Sunnus, Sabine, Das Leitbild zieht Kreise. Diskutiert, reflektiert und perspektivisch: Die Foren haben sich gelohnt, DtPfBl 4 (2003) 173.

Sunnus, Siegfried H., ‚Leben im Pfarrhaus – schön und belastend zugleich!', DtPfBl 8 (2001) 414-418.

Szepanski-Jansen, Silvia /Rammenzweig, Guy W., Frauen im Pfarramt, in: Coram. Ein Handbuch für die Arbeit von Pfarrerinnen und Pfarrern auf dem Weg ins nächste Jahrhundert, hg. von G. W. Rammenzweig, Düsseldorf 2001, 450-461.

Tacke, Helmut, Glaubenshilfe als Lebenshilfe. Probleme und Chancen heutiger Seelsorge, Neukirchen-Vluyn 2. Aufl. 1979.
Theißen, Gerd, Argumente für einen kritischen Glauben, oder: Was hält der Religionskritik stand?, München 1978.
Theißen, Gerd, Die Religion der ersten Christen. Eine Theorie des Urchristentums, 3. durchgesehene Aufl. Gütersloh 2003.
Thilo, Hans-Joachim, Beratende Seelsorge. Tiefenpsychologische Methodik dargestellt am Kasualgespräch, 2. Aufl. Göttingen 1975.
Typisch katholisch, Typisch evangelisch. Ein Leitfaden für die Ökumene im Alltag, hg. von M. Meyer-Blanck und W. Fürst, Rheinbach 2. Aufl. 2003.

Uden, Ronald, Statisten oder Helden? Zum Pfarrerinnen- und Pfarrerbild in den Medien, DtPfBl 12 (2003) 635-638.

Wagner-Rau, Segensraum. Kasualpraxis in der Moderne, Stuttgart 2000.
Wagner-Rau, Auf der Schwelle: Das Pfarramt im Prozess kirchlichen Wandels, Stuttgart, 2009.
Wagner-Rau, Ulrike, Vom Umgang mit Grenzen und Übergängen. Überlegungen zum eingeschränkten Dienst im Pfarramt, PTh 89 (2000) 529-542.
Wagner-Rau, Ulrike, Zwischen Vaterwelt und Feminismus. Eine Studie zur pastoralen Identität von Frauen, 1992.
Weber, Klaus, Pfarrerinnen und Pfarrer – ein Beruf mit Zukunft?, DtPfBl 11 (2008) 571-576.
Weber, Otto, Grundlagen der Dogmatik, Bd. 2, Neukirchen-Vluyn, 5. Aufl. 1977.
Weber, Otto, Calvins Lehre von der Kirche, in: *ders.*, Die Treue Gottes in der Geschichte der Kirche, Ges. Aufs. 2, Neukirchen 1968.
Wegner, Gerhard, Was ist geistliche Leitung? Zehn Vorschläge zur Verständigung über Führung in Kirche und Diakonie, PTh 96 (2007) 185-200.
Weidner, Jens, Die Peperonistrategie. So setzen Sie ihre natürliche Aggression konstruktiv ein, Frankfurt/M., New York, 2005.
Welche Aufgaben soll die Kirche in Zukunft erfüllen? Kontroverse Perspektiven, Lernort Gemeinde 22 (2004) 39-50.
Wendebourg, Dorothea, Das Amt und die Ämter, ZevKr 45 (2000) 5-38.
Wenn die Seele zu atmen beginnt... Geistliche Begleitung in evangelischer Perspektive, hg. von D. Greiner, E. Noventa, K. Raschzok, A. Schödl, 2. Aufl. Leipzig 2007.
Welsch, Matthias, Hauptaufgaben von Pfarrer und Kirche, in: Becker, D. / Dautermann, R. (Hg.), Berufszufriedenheit im heutigen Pfarrberuf. Er-

gebnisse und Analysen der ersten Pfarrzufriedenheitsbefragung in Korrelation zu anderen berufssoziologischen Daten, EuKP 1, Frankfurt 2005, 259-269.

Wenz, Gunther, Herrenmahl und Amt. Evangelische Perspektiven, ThR 104 (2008) 91-102.

Wenz, Gunther, Rite vocatus/a. Zu einer Empfehlung der Bischofskonferenz der VELKD, DtPfBl 2 (2005) 59-64.

Werth, Martin, Theologie der Evangelisation, Neukirchen-Vluyn, 2. Aufl. 2006.

Westermann, Claus, Genesis, Teil 1; Genesis 1-11, BK, Neukirchen-Vluyn, 3. Aufl. 1983.

Wilckens, Ulrich, Theologie des Neuen Testaments Bd. II: Die Theologie des Neuen Testaments als Grundlage kirchlicher Lehre, Teilband 1: Das Fundament, Neukirchen-Vluyn 2007.

Wilzki, Joachim, Die Ehrenamtsakademie der sächsischen Landeskirche, Brennpunkt Gemeinde 4 (2008) 155-158.

Winkler, Eberhard, Das Pfarrerbild. Die aktuelle Diskussion und die Aufgabe der Mission, DtPfBl 7 (2001) 339-342.

„Wirtschaften für das Leben" – Arbeitshilfe zur Stellungnahme der Landessynode 2008, Düsseldorf 2008.

Das eine Wort Gottes – Botschaft für alle. Barmen I und VI Bd. 2, Votum des Theologischen Ausschusses der Evangelischen Kirche der Union, Gütersloh 1993.

Zimmerli, Walther, Grundriß der alttestamentlichen Theologie, Stuttgart, Berlin, Köln, Mainz, 3. durchgesehene Aufl. 1978.

Zimmerling, Peter, Plädoyer für eine neue Einheit von Theologie und Spiritualität, PTh 97 (2008) 130-143.

Zippert, Thomas, Die Bedeutung der Fortbildung in den Ersten Amtsjahren (FEA) für die Stärkung pastoraler Kompetenz, PTh 89 (2000) 490-497.

Zitt, Renate, Erinnern als Aufgabe. Zur Diskussion um den Pfarrberuf, DtPfBl 3 (2003) 132-135.

Die Zukunft der Supervision zwischen Person und Organisation. Neue Herausforderungen – Neue Ideen, Vorträge der Tagung des Verbändeforums Supervision am 26./27.11.2004 in Montabaur, Köln 2005.